北海道行政基本条例論

神原　勝

学大学院法学研究科教授

はじめに―なぜ私案を作成したか　2
1　行政基本条例への道　6
2　行政基本条例とは何か　11
3　研究会条例案の内容　18
4　行政基本条例の課題　28
5　行政基本条例の効用　42
6　道の条例案の問題点　53
おわりに―安易な基本条例の戒め　60
〈資料〉1　北海道行政基本条例研究会案　64
2　北海道行政基本条例　81
3　ニセコ町まちづくり基本条例　90
〈補論〉ニセコ町「基本条例」が開いた扉　102

地方自治土曜講座ブックレットNo．87

はじめに　―なぜ私案を作成したか

本日は「北海道行政基本条例論」と題して、いま制定されようとしている都道府県初の行政基本条例について、私の考えを詳しくお話いたします。今日は二〇〇二年九月二十八日ですが、道は今月十八日から始まった第三回定例道議会に「北海道行政基本条例案」を提案しています。

この道の条例案の作成過程で、参考にしていただこうと、私も佐藤克廣さん（北海学園大学教授）、辻道雅宣さん（北海道地方自治研究所主任研究員）と研究会を組織して同名の条例案を作成しました。二つの条例案の間には、共通点もあれば乖離する点も多々あります。

道の条例案は成立するかどうかまだわかりません。また、この条例案については様々な評価の仕方があるでしょうが、そこにはあまり深入りしないで、行政基本条例についての基本的な考え方と私たちが作成した条例案に基づいてお話を進めることにいたします。

道の条例案を「道条例案」、私たち研究会の条例案を「研究会案」と呼ぶことにします。

最初に、なぜ研究会案を作成したか、そのいきさつを簡単に述べておきます。

道は、道条例案の作成に先立つ五月、パブリックコメント用に非常に短文の「行政基本条例検討案」を発表しました。私はこれを見たとき、これから議論を始めるためのタタキ台だろうと思いました。ところが日が経つにつれ、あまり修正を施さず基本的にこの検討案が条例案に移行しそうだとわかってきました。

正直いって少し残念に思いました。といいますのは、北海道はここ数年都道府県では最も優れた、総合的な道政改革を進めてきたのですが、その実績、実力からすれば、道検討案よりもっとハイレベルの基本条例案が作成できるはずだという強い思いがあったからです。

もうひとつ残念に思ったことは、「行政基本条例」という言葉にかかわる問題です。行政基本条例という用語は私の造語ですが、堀知事が選挙公約に掲げられたこともあって、かなり定着しました。地方自治関係の雑誌や文献でも使われています。「名は体を表す」といいますが、北海道から名を発信したのだから、体もそれなりのレベルを示さなくてはならないのではないか。これは私の個人的な思い入れであります。

道は、昨年の十一月に行政基本条例検討懇話会を設置し、四回の会議を開きました。私も五人のメンバーの一人として参加しました。ここでは私自身のなかに、行政基本条例の意味づけとか構成について、すでに研究会案で示したようなイメージができていまして、それに基づいて意見をのべたのですが、議論が全体として抽象論に傾いたせいか、私と道との間でイメージを共有するまでには至らなかったようです。

そのようなことがあって、検討案を見たとき、やはり条例案を示さなければ理解していただけないかという思いを強くしました。

行政基本条例の制定は、道が過去七年間続けてきた道政改革と密接に関係しています。この七年間、私も佐藤克廣さんも知事の諮問機関に参加して、改革案づくりに時間と労力を費やしてきました。提案は百項目ほどありますが、道民投票制度を除いて、ほとんど実現しました。

したがって、行政基本条例の制定は、道政改革の集大成としての意味を持っています。この点で道と私たちの認識は一致しますが、ともかく条例案を作成することは道政改革に携わった研究者としての責務ではないか。そうした思いに私たちが駆られたのは事実です。

私たちの「自治基本条例研究会」は、一九九七年の春に北海道地方自治研究所のなかに設けておりました。道や市町村の職員、研究者などで構成しています。研究の中間的なまとめは、辻道雅宣さんが四年前にこの土曜講座で報告しています。その後は開店休業状態が続きました。その研究会を再開して、急いで条例案を作成するため三名で作業を行いました。

条例案づくりのいきさつはこれくらいにして本論に移ることにいたします。これから先のお話は、専ら北海道行政基本条例論ですが、これから市町村で基本条例案の作成を試みられるみなさんにも参考にしていただけるよう、具体的、実践的に進めようと思います。

1　行政基本条例への道

一九九五年に地方分権推進法が制定され、いよいよ分権時代の到来を思わせたとき、北海道はそれに備えて、自己改革が必要なことを強く認識していました。それをよく表しているのが、同年四月の知事選挙における堀知事の公約で、知事は「北海道政府の確立」をめざして、道政改革を推進すると公約しました。北海道の自己改革の取り組みは非常に早いものでした。

選挙後は、さっそく知事の諮問機関として道政改革民間フォーラム（水上武夫委員長）が設置され、私も副委員長を仰せつかりました。フォーラムは二年間に百項目に及ぶ改革提言を行いました。また、その後の一年間は道政改革推進委員会（私が委員長）が改革の推進状況を点検評価し、さらにそれに続く二年間は、道政改革のなかでも懸案事項であった支庁改革のために、支庁制度検討委員会（同）の活動が続きました。

支庁改革の実行はこれからですが、フォーラムや推進委員会の改革提言は、ほとんどが直ちに実行に移されました。そのスピードは提案者である私たち自身が驚くほどでした。たくさんある改革をここでご説明するわけにはいきませんが、私としましては、大きく三つの考え方に分けて個別の改革を位置づけておりましたので、それを代わりに申し上げたいと思います。

第一は「組織による統合」です。巨大組織である道庁、道行政を改革するときは、従来から組織機構の手直しが中心になってきました。行政が変化に対応するために部や課を統廃合したり、室を新設したりといったような、組織いじり機構いじりが常套手段であったわけです。私はこれを「組織による統合」と呼んでいます。

けれども、これはこれで必要なことですが、少しきつい評価をさせていただくと、首長の趣味の域を出ず、一過性で、これだけで本質的な改革、いい換えれば、政策の質を高めるような改革はできないと痛感するようになりました。そこで私たちは新しいタイプの改革が必要ではないかと考えて、二つのことを提案しました。それが次の第二、第三の課題です。

私たちが一般に「道政改革」というときは、この第二、第三に属する課題群を指すと考えてよいでしょう。その第二ですが、「作法による統合」という問題です。これは行政の手法とか政策の手法、あるいは行政の技術とか政策の技術をイノベーションすることです。実は、この改革が相当進んだために行政基本条例が制定できるようになったのです。

第三は「地域による統合」です。これは支庁改革の問題です。道政はタテワリです。組織や職員は中央省庁のタテワリ組織に直結して仕事をしてきたわけです。その分野別タテワリを基本にして大型専門施設などの〈点〉と、道路や河川などの〈線〉の行政を行ってきました。

では〈面〉の行政はどうだったでしょうか。面の行政とは、一定の地域空間の政策課題を総合的に発見して、戦略的に地域政策を組み立てていく行政のことですが、これが決定的に欠けています。広大な面積を擁する北海道だけに、これは北海道行政のアキレス腱ともいうべき大問題でした。

この地域による統合の問題は、今日の主題ではありませんのでこれ以上は言及しませんが、この問題は道州制への移行問題や基礎自治体の再編問題と深く関係する北海道特有の問題です。私たちの委員会提言に基づいて、当面、支庁に土木現業所と保健所が統合されます。そしてさらに改革を進めて二〇〇八年度から新体制の支庁がスタートすることになっています。

このように北海道は一九九五年以来、分権時代の到来を強く意識して道政改革を進めてきました。全国で最も精度の高い情報公開条例、全国初の本格的な政策評価条例、都道府県で初のオンブズマン条例の制定をはじめとして、行政運営に不可欠な制度を多岐にわたって整備してきました。そのトータルな整備状況は都道府県のなかでは群を抜いています。

行政の制度や仕組みを見直して、行政の政策活動が必ず通過しなければならないフィルターをつくる。そこを通過することによって政策の質を高め、民主主義を実現することができます。巨大組織の首長たる知事は、こうしたシステムの作動状況を監視することによってしか行政を統合することはできません。これは政令指定都市のような大規模な市にも共通する課題です。

道行政の基幹的なシステムの整備は、道政改革民間フォーラムの提言に基づくものですが、やはり堀知事のリーダーシップに負うところが大きいといえます。各地の「改革派知事」の名がメディアに登場します。私は、改革の総合性と質の両面からみて、堀知事は非常に優れた実績を残しましたが、もう少しその改革の意義を道内外に発信すれば、それらは正当に評価されたのではないでしょうか。この点に関しては残念に思います。

それはともかく、道政改革の着実な積み重ねがあって、行政基本条例の制定が可能になりました。改革された個別の制度は行政基本条例の各論部分に当りますが、この各論の制度化が進んでいなければレベルの高い行政基本条例は制定できません。その意味では行政基本条例の制定は、さしあたって北海道に許された特権といっても過言ではありません。

道政改革民間フォーラムは、五年前に「道庁の行政運営のあり方に関する提言」（一九九七年三月）において、道が名実ともに北海道地域における地方政府として成長するためには、自治基本条例の制定を展望して、戦略的に個別の改革を積み重ねていくべきであると提言しています。それから五年、改革の努力が実って今日の状況を迎えることができたのです。

けれども、私たちが提言で述べたのは「自治基本条例」であって、行政基本条例ではありません。二つの基本条例はどう違うのか。まずこの問題からご説明したいと思います。

2　行政基本条例とは何か

北海道行政基本条例は、道の行政運営において欠くことのできない基幹的な制度で、かつ法令とは直接的な関係を持たない道の自主的な制度を、一定の理念のもとで体系化し、さらにその体系に属する個別の制度の内容に関する原則を具体的に定めるものです。では、これは自治基本条例とはどのように異なるのでしょうか。まずこの点を整理しておく必要があります。

一言でいえば、行政基本条例は、規定する内容を「行政の運営」にかかわる事項に限定しているのに対し、自治基本条例は、その行政を含めて「自治体の運営」の全体に関して、その理念、原則、制度を定めるものです。そして当該自治体の最高条例（最高規範）として位置づけられます。したがって、そこには主権者たる市民の権利義務はもちろんのことですが、議会運営の原則さらには議会と市民・首長との関係のあり方も含まれていなければなりません。
自治体は市民、首長（含む職員）・議会（議員）それぞれの役割と三者の関係によって運営されますから、やや機械的な表現をすれば、

自治基本条例＝市民＋首長＋議会＋三者（市民・首長・議会）の相互関係

行政基本条例＝市民＋首長＋二者（市民・首長）の相互関係

ついでに申し上げます。唐突な印象を与えるかもしれませんが、私は「議会基本条例」の制定が必要だとも主張しています。これは、

議会基本条例＝市民＋議会＋首長＋議会と二者（市民・首長）の相互関係

さて、このように考えた上で、北海道で自治基本条例が制定できるかと自問しますと、

自治基本条例＝行政基本条例＋議会基本条例

と表現することができますから、議会改革が進んでおらず議会基本条例のようなものを制定できる段階には至っていない北海道の現状では、いきなり自治基本条例に到達するには無理がある。したがって当面は行政基本条例に甘んじざるを得ない、ということになります。

ここは非常に大切なところです。例えば「道民の代表である議会は道民の声を道政に反映させることを念頭に活動しなければならない」といった程度の条文なら、当たり障りがありませんか

らいくらでも作文できるでしょう。けれども、この程度の条文が入ったからといって、自治基本条例になるわけではありません。かえってコトを曖昧にし、条例のレベルを下げるだけです。

したがって研究会案では、このようなゴマカシを排除するため、道民投票の発議権を議会にも与えるという条項と総合計画の議決の条項以外は一切議会には言及しませんでした。やはり議会は議会としてまとまったかたちで議会基本条例をつくるべきです。それができた段階ではじめて自治基本条例の制定の可能性が出てきます。一歩一歩の着実な積み重ねが必要です。

リップサービスのような条文の条例はつくらない。行政基本条例が本当に「生ける基本条例」であるためには、制定に先立ってある程度個別の制度が整備されていなければなりません。具体的なことは何もかも基本条例の制定後に委ねるというのでは、基本条例はきわめて抽象的な理念だけの作文条例になり、またその抽象性が原因となって、基本条例制定後の個別制度の整備も進まないでしょう。これでは何のために基本条例を制定するのかわかりません。

説明の仕方が妥当かどうかわかりませんが、憲法と地方自治法の関係を考えていただければよいかと思います。地方自治法は憲法あっての地方自治法です。けれども、現実の地方自治のイメージは、憲法から見た地方自治法の理解と地方自治法からみた憲法の理解が混在しているのではないでしょうか。基本条例とそれに関連する個別の制度との関係も似たところがあります。

少し脇道にそれましたが、要は、残念ながら北海道はまだ自治基本条例を制定できるレベルには到達していません。けれども、行政運営に関しては様々な基幹的な制度を整えました。そこでこれまでの成果をとりまとめて行政基本条例の制定を先行させ、これを将来における自治基本条例への第一歩にしよう。これが行政基本条例の制定をめぐる北海道的事情といえるでしょう。

行政運営の制度が整備されても、個別に存在するだけでは時を経るにつれだんだん形骸化していきます。それが行政の通例で、道においても一部に形骸化が始まっています。そこでせっかく制度化したのですから、これらを最高条例としての行政基本条例に明確に位置づけ、質を高めながら活用しなければなりません。

このように私たちの研究会案は、単なる時代の要請とか一般論としてではなく、北海道がこれまで試みた改革の成果、限界、展望をふまえて作成したつもりです。

このように限定的な内容の研究会案ですが、その制定には自治基本条例に劣らぬ大きな意義があると考えています。工夫次第では限りなく自治基本条例に近い行政基本条例を制定することができます。次にそのことを少し角度を変えて説明いたします。

世界の自治体のなかでも日本の自治体は非常にたくさんの仕事を行っています。駆使する財政の規模もきわめて大きなものがあります。そして自治体政策の立案から執行に至るまで事実上大きな力を行使しているのは、首長ないしは首長が統括する行政です。

そのことの評価をめぐる議論はいまここではしませんが、自治体の権力が首長ないし首長が統括する行政に集中している事実を認めるのであれば、この首長権力を市民がコントロールすることなくして自治体の民主主義は実現しないこともまた明白になるでしょう。

首長権力をコントロールするのは議会の役目でもありますが、国の間接政治とは違って自治体では市民にもその権利があります。なぜなら、市民が首長を直接選挙で選んでいるからです。国の場合、首相を選ぶのは国会で、したがって首相は国会に対して直接の責任を負いますが、自治体の場合、首長は議会から選ばれるわけではありませんから議会に対して責任を負いません。首長が直接の責任を負うのは自分を選んでくれた市民なのです。

このように選挙を媒介に、首長は市民に対して直接の政治責任を負い、市民は首長に対して責任を問う権利を有しています。この首長と市民との直接的な関係性を問わなければ、自治体における民主主義のあり方を正しく理解することができません。繰り返しますが、国と自治体では政治・行政の原理が、したがって民主主義の原理が異なるのです。これを理解すれば、行政基本条例であっても、首長や首長が統括する行政に対する市民の権利を規定することができます。

それでは、首長はどのようにして市民に対する直接の責任をとるか、また市民はどうすれば首長の責任を直接問うことができるか。ここが最大の問題です。けれども、法律上の制度では、市民は四年に一度の選挙か、リコールの請求という極端な方法でしか首長の責任が問えません。

いい方を換えますと、首長が市民に対して責任を果たすような日常の行政の進め方については具体的な定めは何もないわけです。つまり法律上の制度としては、首長選挙のあとは四年間のお任せ民主主義か極端な首切り民主主義しかなく、日常的な市民参加の民主主義は保障されておりません。

このように首長と市民が日常的に使えるような民主主義の制度がなければ、行政運営はうまくいくはずがありません。そこで自治体は法律の外で、情報公開、市民参加、政策評価などの様々な制度を、必要に迫られて自主的に開発してきたわけです。その自治体改革の歴史は、始まってから今日まで、もう四十年になろうとしています。

こうして様々な制度開発によって行政運営のルールが蓄積されてきますと、これは自治体の職員がふまえるべき仕事のルールでもありますから、職員がこれを遵守して政策活動を行えば政策の質は向上することは必定ですし、また、そのことによって市民に対する首長の責任が実質的に果たされることになります。

いまの自治体は地方自治法だけで運営されているわけではありません。市民参加、情報公開、政策評価などを例示するまでもなく、今日の自治体運営に不可欠となっている基幹的な制度は法律とは無関係に自治体が独自に開発したものです。その証拠に、これらについて法律には一言も書いていないではありませんか。

自治体が独自に開発した制度とはいっても、それぞれの自治体に全部がそろっているわけではありません。けれども、日本列島には全部そろっているわけですから、それぞれの自治体は自分の自治体にそれらを総合的に引き寄せ、必要な改良を加えればよいのです。自治体が全体として蓄積してきた自治体改革の歴史的な成果を活用しない手はありません。

以上述べましたように、自治体の首長と行政の権力の大きさに着目し、同時にその権力の源泉が市民の直接信託にあることをきちんと確認すれば、行政基本条例ではあっても、知る権利、参加の権利、住民投票権など、市民の権利を具体的に規定することができます。

市民の権利を規定すれば、当然、それを前提とした行政運営のあり方が問われます。そして議会に関する事項こそ入りませんが、工夫次第で、限りなく自治基本条例に近い行政基本条例を制定することができます。研究会案はこのような考えに基づいて作成しました。

3　研究会条例案の内容

さて、それでは私たちの研究会案の内容を見ていただくことにしましょう。この条例案は前文と三十四条からなっていますが、条文はあとで見ていただくことにして、ここでは「条例案の構造」という図で全体の構成をご説明します。目下のところ行政基本条例に定型があるわけではありませんが、イメージだけでもつかんでいただければ幸いです。

(1)　条例の前文

第一。「前文」です。これにはいろいろな書き方があるのでしょうが、ほぼ四つのことをいって

図　条例案の構造

前　文

21 世紀の北海道　信託と補完性の原理　自律的な行政体制　理念と原則の確立

目　的（第１章　総則　第１条）

民主主義の実現　政策の質の向上　地方自治の本旨の実現

理　念（第１章　総則　第３条）

- 情報の公開と共有
- 道民と市町村の参加
- 多様な主体との協力
- 行政の政策活動の原則
- 行政組織と職員政策
- 公正と信頼の確保

複合的な制度活用　分かりやすい制度

制度と原則（第２章－第７章）

第２章　情報の公開及び共有

道民の知る権利（第４条）
行政の説明責任（第５条）
個人情報の保護（第６条）

第３章　道民及び市町村の参加

道民の参加権（第７条）
参加機会の保障（第８条）
市町村の参加（第９条）
参加条例の制定（第10条）
道民投票（第11条）

第４章　多様な主体との協力

市町村との関係（第12条）
他の自治体との関係（第13条）
国との関係（第14条）
国際交流（第15条）

第５章　行政の政策活動の原則

総合計画等（第16条）
政策評価（第17条）
財務会計（第18条）
法務体制（第19条）

第６章　行政組織及び職員政策

意思決定（第20条）
組織編成（第21条）
職員政策（第22条）
審議会等（第23条）
関与団体（第24条）

第７章　公正及び信頼の確保

行政手続（第25条）
外部監査（第26条）
苦情処理（第27条）
職員の報告（第28条）
公務員倫理（第29条）

責　務（第８章　道民、知事及び職員の責務）

道民の責務（第30条）　知事の責務（第31条）　職員の責務（第32条）

最高規範性（第９章　最高規範性及び見直し手続）

最高規範性（第33条）　見直し手続（第34条）

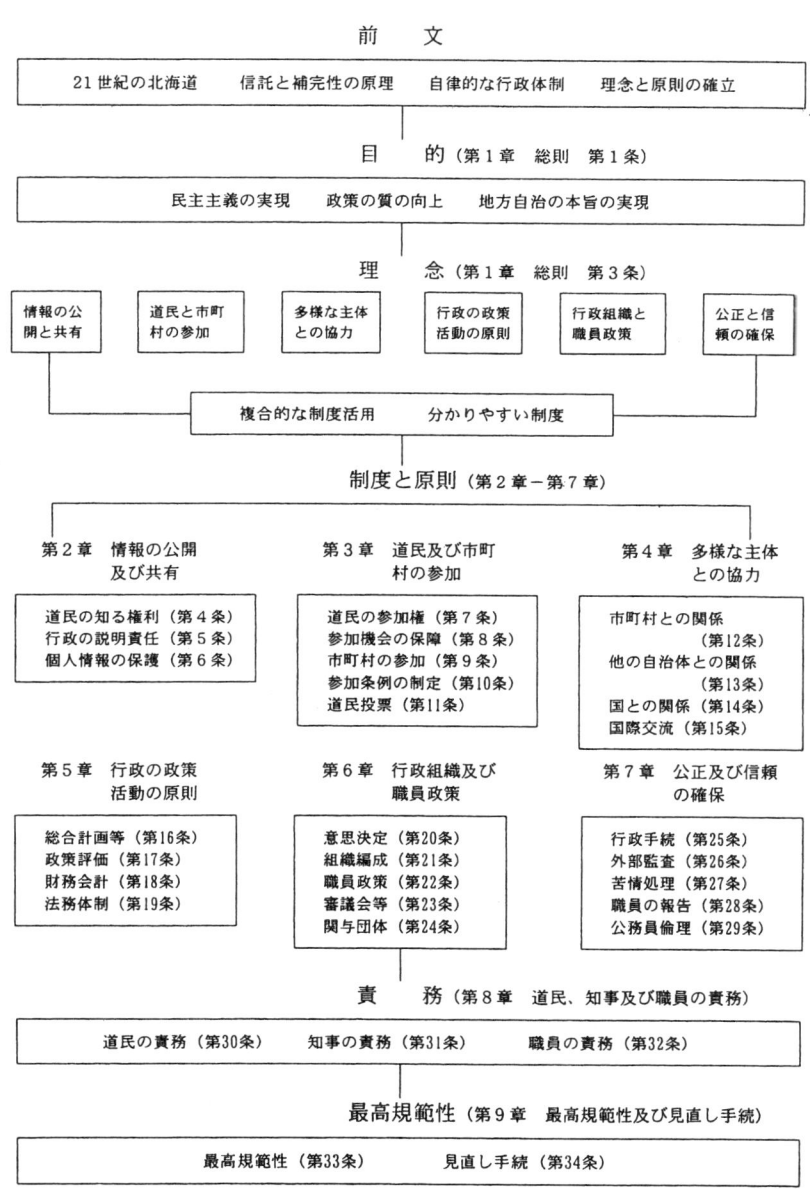

います。

① 北海道の歴史とか二十一世紀の方向。北海道の地域特性とか将来に向けた可能性のようなことを表現しています。

② 信託と補完性の原理。これは道は道民から直接信託され、道民に対して直接責任を負う政府であることと、基礎自治体である市町村行政を補完する道の基本的な使命について言及してあります。

③ 自律的な行政体制。②のような行政を担うにふさわしい行政体制を築く必要があると書いてあります。

④ 理念と原則の確立。③の体制を構築するにあたって、きちんとした理念と制度の原則を示さなければならないと説いています。

前文には以上のようなことが書いてあります。うまく表現できているとは思いませんが、実はこの前文が条例案づくりで一番難しかったところです。道の行政基本条例検討懇話会のときにも申し上げたのですが、前文ができれば、条例案は半分はできたと考えてよいと。なぜなら、北海道は個別の制度の大半はすでに優れたものができているからです。

その意味でいえば、前文は条例全体の味つけ、あるいは精神を表現する役目を負っているともいえます。素材はしっかりしているのですから、行政基本条例という「制度をつくる精神」が問われるわけです。ここをしっかりやっておかなければ「制度をいかす精神」は育ちません。

偉そうなことをいいましたが、そのわりには研究会案の前文には落ち度がたくさんあります。例えば、「優れた自然環境と自立した経済のもとで、心豊かに暮らせる北海道づくりを進めたいと思う。」というくだりがありますが、本当は「心豊かに」の前に「平和を追求し」という文言を入れたはずなのですが、文章を操作しているうちに、うっかり落してしまいました。

ともあれ、前文はいろいろな書き方ができると思います。なみなさんならどうなさるか、ぜひ考えていただきたいと思います。きっと北海道がめざすべき政策的な方向をもう少し明確に書けないか、などと思われるに違いありません。けれども、研究会案はこれには深入りしませんでした。その理由はのちほど述べることにします。

それから研究会案では、前文だけですが主語を「私たち道民」にしました。

(2) 条例の目的

第二。ここは条例の「目的」です。一条しかありません。行政基本条例を制定することによって、何を実現しようとしているかということです。三点あげました。
①民主主義の実現。市民の権利を前提にした行政と市民との関係の改革の問題です。
②政策の質の向上。この条例の規定を忠実に履行すれば、政策のレベルが上がるのは当然のことです。
③地方自治の本旨の実現。①と②の実現こそが地方自治の本旨の実現そのものではないでしょうか。

(3) 条例の理念

第三。「理念」と書いてあります。この部分は「目的」と次の「制度」をつなぐ精神、あるいは個別の制度を束ねる枠組みを示したところです。個別の制度や問題を扱った第二章以下では技術的に書ききれませんので、ここでグルーピングしたわけです。次のようになっています。

① 情報の公開と共有
② 道民と市町村の参加
③ 多様な主体との協力

④　行政の政策活動の原則
⑤　行政組織と職員政策
⑥　公正と信頼の確保
⑦　複合的な制度活用
⑧　分かりやすい制度

細かい説明はここでは省略させていただきます。条文は短く簡潔ですのであとで読んでください。ただ、全体を通じての特徴的な事柄を二つだけ申し上げます。

ひとつは、これは「道」の行政基本条例ですから、「広域自治体」としての特色をもつものでなければならないという点です。これは①から⑥までを貫く大きな特徴で、次の「制度と原則」の内容にも深くかかわる大事な問題ですから、見逃さないでいただきたいと思います。

もうひとつは⑦と⑧です。

⑦は行政基本条例の生命にかかわる大事な理念だと思っています。行政運営にとって大事な制度をたくさんつくる必要はありますが、それらは個別に存在するだけでは、効果は半減してしまいます。例えば、政策評価はコスト計算を含めて政策情報がきちんと整理・公開されなければ実効ある評価はできません。評価過程では市民参加も必要です。総合計画に根拠を持つ政策である

かどうかも政策評価の大事な論点です。とすれば政策評価は情報公開、市民参加、総合計画、財務会計などと連動していなければ、所期の効果をあげることはできないわけです。制度相互の相乗効果を発揮させる。これが行政基本条例の大きなねらいです。

⑧の論点も大事です。複雑な制度はそれだけで意義を半減させると考えるべきです。制度が複雑であれば、何か精緻な制度ができたかのように錯覚してしまいます。けれども、制度が複雑になればなるほど、その制度を理解できる人の数は減っていきます。複雑な制度は大勢の人々に共有されません。それがゆえに行政の独善的な運用に陥り、いつしか所期の目的は形骸化します。制度というものはそのことを肝に銘じて考えなければならない、といっているわけです。

(4) 制度と原則

第四。「制度と原則」ですが、第二章から第七章までで、この行政基本条例の大部分を占めています。基幹的な制度とその運用の原則を規定しています。ここは各条項ともどのような制度をつくるか具体的に柱を規定していますのでお読みいただくのが一番よいかと思います。逐条の説明はしませんが、少し違った角度から若干解説したいと思います。

情報公開や道民参加をはじめとして様々な制度が盛り込んでありますが、その多くは個別制度としてすでに制度化されています。例えば

北海道情報公開条例

北海道個人情報保護条例

北海道苦情審査委員に関する条例（オンブズマン条例）

北海道政策評価条例

北海道職員の公務員倫理に関する条例

北海道外部監査契約に基づく監査に関する条例

それから条例化されていませんが

附属機関等の設置及び運営に関する基準

関与団体の見直し方針（点検評価システム）

などがあります。

これらの多くは一九九五年以降の道政改革において新設したり、改正したものです。

しかも、それぞれはレベルが高く、例えば、情報公開条例はおそらく全国一の精度を持つでしょう。一般オンブズマンを条例で設置している都道府県は北海道だけです。政策評価条例は宮城県

にもありますが、これだけ体系だった本格的な条例は北海道が唯一です。公務員倫理条例は北海道が最初でしたし、外部監査条例は地方自治法に入る前から北海道では制度化しています。だから行政基本条例が制定できるのです。

それから、個別制度としてたくさんの制度が規定されているのですが、いま述べましたようにすでに制度化されているもの以外にもいろいろあります。これは次の四つにカテゴライズすると分かりやすいかもしれません。

① 活用　現行の制度をそのまま活用する
② 修正　現行の制度を一部修正する
③ 廃止　現行の制度を廃止する
④ 新設　新しく制度を創設する

もちろん③の廃止は行政基本条例には現れませんが、条例案づくりの作業手順としてはありえるかもしれません。研究会案に関してはそれに該当する個別制度はとくにありませんでした。残る三つの基準と個別制度との関係につきましては、のちほどまた述べることにします。

(5) それぞれの責務

第五。道民、知事、職員の「責務」です。道民の責務に関しては、もう少し書くことができると思いますが、やはり行政基本条例では限界があります。自治基本条例の制定を待ちたいと思います。知事と職員の責務に関しては、行政基本条例を行政運営における最高条例にするのですから、この条例の規定を遵守して行政を運営するということ以外にはありません。

(6) 最高規範性

第六。これがその「最高規範性」に関する規定です。行政基本条例は、道の行政運営に関する最高の条例ですから、その他の条例や規則、また行為はこれに反してはならないと規定しています。これにつきましてはのちに詳しく述べることにします。

とりあえずこれで研究会案の説明とさせていただきます。

4　行政基本条例の課題

次に、行政基本条例の全体の構成あるいはそれに則して条文を作成するにあたって、私たちがとくに留意したいくつかの問題点をお話しいたします。いわば行政基本条例案の作成において、はずせないポイントということになりましょうか。以下、アトランダムに論点を取り上げることにいたします。

(1)　法律上の制度と独自の制度を区別する

行政基本条例は、当該自治体の行政運営における基幹的な制度とその内容に関する原則的な考え方を体系的に規定するものですが、この場合「基幹的」とは何を意味するのでしょうか。いわば、どのような制度を行政運営における重要な制度として行政基本条例に取り入れるかという問題です。

制度には、法律上の制度と自治体の独自制度がありますが、独自制度のなかで何を取捨選択するかという問題はあとで述べることにしまして、まずここで明確にしておかなければならないことは、法律とくに地方自治法上の制度の扱いです。

いうまでもないことですが、地方自治法には自治体の組織や運営に関して、代表制度をはじめとする自治体の基幹的な制度がたくさん規定されています。行政基本条例に自治体の行政運営に関する基幹的な制度を網羅するなら、自前の制度だけではなくて、これら法律上の制度も含まなければなりません。

そうすることで全体像が明らかになるというメリットがあります。けれども、逆に条例のボリュームが膨大になってしまうデメリットが生じます。それに両者の区別もなかなかできにくくなります。そこで私たちは、行政基本条例が対象とする制度は、原則として自前の制度に限定しました。

このことによって、かえって自治体が何を重要な制度と考えて開発してきたかということが明白になります。

(2) 行政基本条例に道民の権利を明記する

第二の問題は行政基本条例の性格に関する問題です。

北海道は行政運営に必要な重要な制度をすでに相当程度整えたらから行政基本条例が制定できるという点では、おおかたの認識は一致します。けれども、行政基本条例をこれらの個別制度の一覧表ないしは索引のように考えるか、それとも道民の権利規定を含めてより立体的、体系的なものにするか、この違いによって行政基本条例の性格、内容、構成は大きく異なってきます。

当然のことですが、私たちは後者の考え方に則して条例案を作成しました。これもすでに述べましたように、道民から直接信託された知事と行政の活動を律するのが行政基本条例であると考えるなら、道民の権利や道民の参加を基礎にした、いわばできるだけ自治基本条例に近い内容を持つ行政基本条例を制定するのは自然の流れではないでしょうか。

私たちは、このような考えにたって行政基本条例の目的、理念、制度、原則を検討し、この条例を道民の総意によって制定すべきことを提案したわけです(前文)。

（3）現在の段階で政策方針は盛り込まない

第三は、基本条例に道としての政策方針、あるいは北海道において実現すべき価値のようなものを盛り込むかどうかの問題です。道の検討懇話会などでも随分この種の話がでました。制度だけの基本条例では味気ない、という思いがあるからです。

けれども、これは難しい問題です。実現したい政策や価値はたくさんあります。平和、人権、福祉、文化、環境、教育、雇用、安全などなど、しかも人によって力点の置き方が違います。それに時代とともに内容は変化します。したがって、それを条文として書く場合には、深い検討を要します。

結局、私たちはそれを入れることは断念しました。政策や価値は当然のことですが党派性を持ちます。その内容をめぐって議論が分裂することになれば、行政基本条例そのものの成立が危ぶまれるからです。将来のことはわかりませんが、現在の段階で条文化は難しいと判断しました。その代替措置といってはおかしいのですが、前文にそれらしき表現を盛り込むことにしました。

少し言い訳がましいことを申し上げれば、自治体は中央政府と対等な地位にある地方政府（組織原理）で、この二種類の政府は協力し合って、基本的人権をはじめとする諸価値（価値原理）を実現する、というのが日本国憲法の要請ですから、基本条例に政策規定、価値規定がないからといって、さしあたって不都合が生じるということはありません。

それに行政基本条例は、第一条の目的にも書きましたように、政策の質を向上させるための諸制度の整備・確立が大きな目的のひとつですから、これらの制度を遵守した政策活動が行われるなら、よりよい政策が実現するでしょう。

念のために申し上げますと、北海道では近年、各政策分野において政策大綱あるいは政策基本条例的な意味を持つ条例が急速に整備されるようになりました。環境、農業、文化、景観、福祉に関するものなどたくさんできています。この整備状況も都道府県のなかでは一歩前に出ていると思います。

ニセコ町の「まちづくり基本条例」には、分野別の政策条例を整備する旨の規定があります。私たちの条例案でも、道の政策条例の整備状況をふまえて、ニセコ町のような規定を設けることができたわけですが、総合計画との関係をどう考えればよいか、などの点について、もう少し検討の余地があると思いましたので、今回ははずしました。

（4） 行政基本条例に具体的に原則を明記する

第四は、行政基本条例に制度創設のための原則や制度運用のための原則をどの程度具体的に規定できるかという問題です。基本条例の生命線にかかわる重要問題です。

これについては、道はすでに基幹的な制度を個別の条例などで定めているので、同じことを行政基本条例で重複して規定するのは、屋上屋を重ねることになり、また条例間のあるべき対等関係からいって好ましくないという説があるようです。結構こうした意見が強いのにはあらためて驚かされました。どのような専門家が説いているのか詳しくは知りませんが、私にはほとんど理解不能です。

この意見に従えば、行政基本条例は理念だけの非常に抽象的な条文の条例になってしまいます。これでは行政基本条例を制定する意味がほとんどありません。また重複規定が問題だとするなら、先に行政基本条例を制定して、そのあとで基本条例の原則に基づいて個別の下位条例で制度を具体化することはできなくなります。

その逆もしかり。北海道のように個別制度が先にある場合、そのあとで基本条例を制定しようとすることもできなくなります。私には奇妙な屁理屈としか思えませんが、その尻馬に乗って、行政基本条例に反対を唱える議員も大勢いるのですから、無視できません。

これとは反対に、私たちは、制度の原則は行政基本条例と個別条例に重複して一向に差し支えない、むしろそのほうが好ましいと考えました。各方面に聞いてみましたが、形式的な条例の体裁の問題はあるにせよ法的問題はまったく存在しないというのが大方の意見でした。当たり前といえば当たり前の話です。

私たちがあえて重複規定にこだわるのはそれなりの理由があってのことです。

ひとつは、行政基本条例に盛り込む制度や原則が、道民、知事、職員、議会、市町村によって共有される制度や原則であるためには、その全容が常に誰に対しても具体的に理解されるものになっていなければなりません。そのためには重複であっても個別制度の基本原則はきちんと行政基本条例に規定する必要があるということです。

もうひとつは、すでに述べたことですが、行政運営の基本的な構造が明らかにされることによって、多数存在する個別制度の複合的な活用が促され、それによる相乗効果が期待できるという意義があります。

個別の制度がバラバラに存在するだけでは、優れた制度であっても単独でしか使われないために効果があがらないといった例は枚挙に暇がありません。やはり理念と体系のもとに個別制度を位置づけ、その上で個々の制度の原則を具体的に定めることが大切です。

(5) 行政基本条例は三つの制度類型を含む

行政基本条例には個別制度の原則を具体的に書くべきだと述べましたが、では行政基本条例のなかでとりあげるべき個別の制度は、どのように考えるべきでしょうか。また、ある程度個別の制度ができていなければ行政基本条例は制定できないとも述べましたが、これとの関係はどうなるのでしょうか。

これらの問題を整理するためには、行政基本条例には次の三つのパターンに属する個別制度が含まれると考えておかなければなりません。前に述べた、活用、修正、新設の問題です。

第一は、すでに条例などで制度化されているもので、かつそのレベルが高いため、いまのところほとんど修正なしでその原則を行政基本条例に書き込むことができる制度です。一例をあげれば、北海道情報公開条例（研究会条例案第十条）、北海道政策評価条例（同第十七条）などがそれに相当します。

第二は、すでに制度化されていますが、内容を修正してもう少しレベルアップした方がよいと考えられる制度です。

例えば、北海道行政手続条例（同第二十五条）は、行政手続法の丸写しといった感じがしますが、研究会案では「道民参加による（道民の申請に対する処分、不利益処分及び行政指導等に関する）基準の設定及び手続の決定方法等を定めるものとする。」という、参加の原則を追加しています。

また、北海道苦情審査委員に関する条例（同第二十七条）についても、オンブズマンの機能として、同条例では苦情に関する是正勧告と苦情の原因となった制度の改善に関する意見表明の二つを規定していますが、研究会案はこれに加えて「道の機関の業務一般に関して制度の改善を求める意見を表明することができる」ように追加修正してあります。

それから附属機関等の設置及び運営に関する基準（同第二十三条）、いわゆる審議会改革の基準ですが、これなどは条例化すべきです。関与団体の見直し方針（同第二十四条）についても同じです。研究会案はいずれも条例を制定すると規定しています。

行政基本条例が制定されると、そこで規定したあるべき原則とまだ修正されないままの個別の制度（条例）が並存する状況が発生しますが、これは基本条例制定後できるだけ早い機会に個別の制度のほうを修正すればよいでしょう。

第三は、行政基本条例に根拠を置いて新しく創設する下位の制度です。私たちの条例案でいえば、例えば、道民及び市町村の参加に関する条例（同第十条）、道民投票の請求に関する条例（同第十一条）、それから道行政の適正化に関する条例（同第二十八条）などがこれに当たります。行政の適正化に関する条例は、不正防止を目的とした職員の内部告発に関するものです。私の記憶では内部告発を制度化した自治体はないようです。

新しい条例を制定するもの以外にも、例えば、この行政基本条例を根拠にして体系化される行政の体制として、総合計画、財務会計、法務体制などがあり、それぞれ欠かせない原則を具体的に規定しています。

このように行政基本条例に盛り込むべき制度を三つに類型化したわけですが、第一と第二の類型に属する制度が多ければ多いほど、行政基本条例は制定しやすいことがこれで理解できるでしょう。まったくの無から有をなすことは大変難しいからです。

また、行政基本条例には具体的に個別の制度の原則をきちんと書くべきだと述べましたが、これが抽象的な規定なら、第二、第三のような類型に属する制度の改革の方向が見えてこないからです。

さらに、そのことと深く関連しますが、研究会案の特徴のひとつは、基本条例本文で個別制度の原則をしっかり規定し、そのうえで細目は下位の条例に委ねる方式を採っていることです。このようにしておけば、たくさんの個別条例・制度が体系化されて非常に見通しがよくなります。

個別の制度を積み上げてきた北海道ですが、よく見ればまだまだ不十分な点があるわけで、行政基本条例はそれらを着実に改革していく道標にならなければなりません。

それから入れるべきかどうか議論して、結果として除外した問題のひとつに、市民の権利の救済の問題があります。条例で市民の知る権利や参加権などを保障しているのですから、これらが侵害されたときに救済するシステムが必要なことはいうまでもありません。私が尊敬する行政法の木佐茂男教授などは、司法分権の構想ともからませて、その問題の重要性を鋭く指摘されていますが、私たち研究会としては、不利益処分救済を今回の行政基本条例でシステム化するのは難しいと判断して断念しました。行政不服審査、行政手続、苦情審査などとの関係の問題もあります。

やや開き直って申し上げれば、私たちの研究会案はモデル条例案としてつくったものではなく、北海道的状況をふまえた、実現可能な条例案でなければならないということを心がけて作成したものです。その意味で、残念ではありますが、大事な問題だと認識しつつも、いまはまだ権利救済問題は理論的にも制度的にも熟したものにはなっていないと判断せざるをえませんでした。

では内部告発はどこも制度化していないのに、なぜ北海道ならできるのかとおっしゃる人がいるかもしれません。けれども、あの忌まわしい大規模な不正経理事件の発覚問題を忘れた道民はいないでしょう。その深い反省の風が「政策の窓」から吹き込んで、一連の道政改革を進めた北海道です。道職員倫理条例も制定しておりますので、それを一歩進める内部告発の制度化はやはり北海道だからできるし、またすべきではないでしょうか。

(6) 行政基本条例に最高規範性を明記する

第六の論点は、行政基本条例に最高規範性を与えるか否かの問題です。私たちの条例案では、第三十三条で「この条例は、道の行政運営における最高規範であって、道は、この条例に違反する条例、規則の制定その他の行為をしてはならない。」と、行政基本条例が最高条例であることを明快に規定しました。

最高規範性の規定の仕方については、難しい議論をする向きもありますが、私たちは、それほどの問題とは考えませんでした。行政基本条例は、北海道が自由に創設する制度であり、またその内容が憲法や法令に抵触するわけでもありません。

また、北海道が立法自治権を行使して制定する行政基本条例に、自らの意思で最高規範の地位を与えても、いかなる法的問題も生じません。

たしかに、憲法や地方自治法が承認する自治体の条例は、条例の名においてすべて形式的効力は同一だから、条例間に上下関係を設けることはできない、という説があるやに聞いています。

これは個別条例の並列性を強調して条例間の相乗的な関係の形成に意識的に目を閉ざすわけですが、これは法理論というよりは、縦割・分散のタコツボ行政を是認するイデオロギーではないでしょうか。

こうした行政を是正し、行政運営の理念、原則を明確にすることによって、諸制度を立体的、体系的に組み立て直そうというのが行政基本条例です。したがって、その要となる行政基本条例が北海道の行政運営に関する法（条例・規則）において最高規範性を有するのはあまりにも当然のことです。

行政運営にかかわる制度はたくさんあるのですから、それらが相互に矛盾を来さないようにするためには制度間調整の原則を確立しておく必要があります。これは当たり前のことで、研究会案の最高規範性はその原則を厳しく述べたにすぎません。

条例間の「上下関係」つまり「階層性」を連想させる点が気になるということでしら、条例の「相互関係」ないしは「相互性」といい換えればよいでしょう。そうした関係は国の法律間にはいくらでもあることです。

個別の制度と制度の相互関係、あるいは制度と制度が連動して動く仕組みを持つことが行政基本条例の生命線になります。これは、個別条例があるから行政基本条例は屋上屋になるという批判に対する有力な反証のひとつということができます。

私たちの条例案では、第三条第二項（制度の複合的活用、相乗的な効果）をはじめとして、個別の制度に関する条項でもそのことの重要性を繰り返し規定しています。

5　行政基本条例の効用

次に、行政基本条例を制定することにはどのようなメリットがあるのか、行政基本条例の効用について考えてみたいと思います。

効用といえば、自治体全体にとっての効用と、自治体の運営にかかわる各主体にとっての効用が検討されなければなりません。後者は、具体的には市民、市町村、職員、知事、道議会にとっての効用ということになります。前者については、すでに条例の目的などのところでもお話ししたので、ここでは後者に的をしぼって考えることにします。

（1）市民にとっての効用

最初は市民にとっての効用です。三点だけ申し上げます。

第一は、行政の基幹的な制度の全体像がこの条例一本で市民によくわかるという効用です。その意味で、行政基本条例そのものが諸制度の情報公開という意義を持ちます。

私たちは、道には私たちに代わって仕事をしてくれる職員がおり、その職員のみなさんにしてもらう仕事の中身を決める知事、議会という代表機関が存在し、また、仕事に必要なお金を工面して毎年予算が組まれることなどは知っています。このような自治体の基本的な制度は日本国憲法や地方自治法に書いてあります。

けれども、本日、行政基本条例に盛り込む必要があると縷々申し上げた、自治体の独自の制度に関係する行政活動の全体像は、市民の目によく見える形にはなっていません。非常に大事な制度なのですが、バラバラに存在しているために、よほど努力しなければ全容を理解することが難しいわけです。

行政運営のルールがそのようでは、自治体を「私たちの政府」と認識する市民意識は育ちません。みなさんの自治体でもそうでしょうが、道庁の行政はどんなルールで運営されているのですかと問われたとき、現状ではおそらく返答に窮するでしょう。けれども、行政基本条例が制定されれば、これを見てくださいといえるわけです。

第二は、第一の全体像が理解されれば、行政基本条例で保障した市民の知る権利や参加権が有効に行使される可能性が広がります。さらに行政基本条例では一般的な知る権利や参加権の保障にとどまらず、いろいろな場面で情報の作成・公開や市民参加の実施を原則化していますから、市民の権利行使は拡大するでしょう。

これは行政基本条例と市町村の関係についてもいえることです。基礎自治体の市町村と違って、広域自治体たる道は直接的な対道民サービスは少ないわけです。つまり道と道民の日常的な直接の接点は少ない。けれども、広域自治体の立場から市町村とは非常に深い関係を持って行政を行っています。その意味で道政を考えるときは、道は市町村を介して対道民行政を行っている、と読み替える必要が生じてきます。

そうしますと論理的な帰結としましては、道民の道政に対する直接参加は参加の基本ではありますが、それにプラスして道政に対する市町村の参加が保障されなければならないということになります。市町村の参加なき道民の道政参加は、参加の推進において画竜点睛を欠くといってよいでしょう。

このため研究会案では、道民参加と同じウエートで市町村参加の重要性を規定し、「道民及び市町村の参加に関する条例」を別途制定することにしていますので、このような条例ができれば、市町村にとっても大きな意義を持つことはいうまでもありません。

第三は、市民による行政監視が行いやすくなるという効用です。行政基本条例は、知事や行政が行政活動においてふまえるべきルールを数多く規定していますから、それが基準になって、知事や行政に対する市民の監視が行いやすくなるのは必定です。

それが実効性を持つためには、やはり行政基本条例に遵守すべきルールが具体的に規定されていなければなりません。

(2) 職員にとっての効用

次は職員にとっての効用です。とは申しましても、この場合の効用とは、行政基本条例に対して個々の職員が感じ取る主観的な効用ではなく、「期待される職員像」とでもいいましょうか、職員がこの行政基本条例を遵守することによって、職員一般の行政活動とか政策活動のレベルが向上するであろうという客観的な効用を意味します。

行政基本条例は、ここで規定する条項の多くが職員の政策活動と深い関係を持っています。情報公開、市民参加、政策評価、総合計画、政策法務、財務会計などは、みな職員の政策活動のルールを規定したものだということができます。職員がそれぞれの条項で定めてある活動の原則をクリアして仕事をしていただければ、政策水準が上がるのは必然ではないでしょうか。

もう少し詳しく申し上げますと、例えば政策評価ですが、新規に政策を始めるときの事前評価がしっかり行われ、その後は当該政策の政策履歴がきちんと記録されていないと、事後評価をしようにもやれないわけです。その意味では政策評価の基本は事後評価ではなく、事前評価にこそあるといわなければなりません。

そのために私は「事業別政策調書」の作成を推奨しています。私が作成したフレームモデルをご覧になった方もあると思いますが、例えば、「政策過程」という欄には、政策の発生源、検討した代替案、市民参加の内容、他自治体の類似政策の検証、総合計画上の根拠、財源構成、政策コスト、法令との関係などを記入することになっています。

つまり新しい政策を実施する場合には、これらの問題をきちんとクリアしなければレベルの高い政策にはならないわけです。このような政策調書の作成は政策評価条例で規定するのが好ましいのですが、それにしても他方で、政策調書に記載する個別事項にかかわる行政の体制が確立していないと、単なる努力目標に終わってしまいます。

行政基本条例には、情報公開、市民参加、政策評価、総合計画、財務情報、政策法務などの政策活動の基本を定めているわけですから、それと政策調書が結びつくと、政策のレベルアップが大いに期待できます。

職員にとっての行政基本条例の効用は、政策水準が上昇することへの期待、その一点に尽きます。

しばしば職員の「意識改革」の必要が叫ばれます。けれども、私は、お説教じみて空疎なこの言葉が大嫌いです。自分で使ったことはほとんどありません。自治体としてしっかりした仕事のルールつくり、そのルールを遵守して仕事をしていただくことが大切なわけで、そうすれば政策も変わり意識も変わるでしょう。

私は、行政の制度原理の変更が政策原理と職員意識の変更を促すと思っています。

(3) 知事にとっての効用

知事にとって行政基本条例はどんな効用があるか。これも職員の場合と同じで「期待される知事像」ということになります。

北海道知事は、二万人の職員を擁する行政の長であり、また三兆五千億円もの予算を駆使して毎年数千種類の新規事業を立ち上げています。しかも知事は道民に対して直接の政策責任を負う政治家です。果たして知事一人でそのような責任が負えるでしょうか。

負えるか負えないかでなく、民主主義の原則からいえば、負わなければならないわけです。けれども、なにしろ道は大規模ですから、知事が職員一人ひとりの仕事内容、一つひとつの事業内容を熟知するなどあり得ないことです。ではどうすればよいのか。

そこで通常は、組織機構を整備し職制を定めて、前にお話した「組織による統合」を図るわけです。けれども、指揮命令系統を整備することと政策をレベルアップしたり、民主主義を実現することとはイコールではありません。必要条件ではあっても十分条件ではないのです。

それで前に「作法による統合」と「地域による統合」を可能にするための諸制度の整備が必要で、また、それらを体系化したものが行政基本条例だと申し上げたわけです。そのことを含めて、道という自治体を統合する責任を負っている知事に何が求められるかということを考えますと、次のように整理できるのではないかと思っています。

統合力＝政策力＋制度力＋説明力

知事はこの三つを兼ね備えていなければならないのではないか。

政策力とは、リーダーとして未来を志向して解決すべき、あるいは実現すべき骨太の政策方針を示すことです。その基本になるのは選挙公約です。

けれども、公約は直ちには実行できません。関係情報の取得、財源の手当、マンパワーの確保、民間との協力、用いる技術の選択、法令の選択や解釈など、各種の政策資源を動員して実行可能な政策に仕上げる必要があるからです。

その仕事は主として職員が行います。「有能な職員を育てることがよいまちをつくるための最短距離」といわれるように、職員の仕事が質の高い政策の実現に結びつくような政策活動のルールを確立するのが、知事の制度力です。

説明力とは、政策と制度を自らの言葉で内外に説明する能力のことです。説明能力が不足しますと、せっかくの政策、制度も共有されないことになります。そしてときとともに形骸化していきます。

要するに申し上げたいことは、巨大道庁の知事は、有能な知事であっても万能たりえない。したがって知事は、行政基本条例を制定して、政策活動にとって必要不可欠な制度を確立し、その制度がきちんと作動しているかどうかをチェックすることで、政策の質を高め、同時に対道民責任を果すことができるということです。

制度の整備は地味な仕事ですが、自治体の制度力を高めて職員、市民の能力、活力を引き出さなければ、いつまでたっても自治能力は蓄積されません。首長の個人的能力にのみ依存する自治体運営は、ときには発想とか政策のユニークさからメディアの注目を集めることがあっても、その首長限りの一過性に終わることが多いようです。

(4) 議会にとっての効用

最後は議会にとっての効用です。道議会の保守派は行政基本条例の制定にはきわめて消極的な態度を示しています。個別制度があるのに行政基本条例は屋上屋になる、道民投票制度の導入は議会の存在軽視につながる、という二つの理由があるようです。

けれども、私は、行政基本条例の制定は議会にとっても非常に大きなプラス効果があると思うのです。

と申しますのは、議会の本来の任務である行政監視機能は格段に果たしやすくなるのではないでしょうか。なぜなら、行政基本条例には行政活動の制度や原則が細かく規定されているわけですから、それが行政活動においてきちんと履行されているかどうか、つまり議会が行政を監視するにあたっての格好の基準として活用できるからです。

いま議会は改革が求められています。大きくは三つあると思います。

第一は議会と市民の関係の改革の問題です。選挙が終わった後のお任せ民主主義ではなく、議会もまたその運営に市民が参加する参加民主主義をきちんと制度化しなければなりません。

第二は議会と首長の関係の改革です。いま述べました監視機能の発揮ですが、議会が強い権力を持つ首長とその行政をコントロールして政策の水準を高めるためには、厳しく効果的なチェック基準を定める必要があります。

第三は議会における議員の相互関係の問題です。いまは政策をめぐって議員同士が議論することはありません。したがって、行政側の議会出席は最小限度に抑制して、議会を議員同士が議論する「討論の広場」に変えなければなりません。

いま三つの課題を述べましたが、これらは個別に進めても効果は小さいでしょう。要になるのは第二の改革課題です。つまり、自治体の政策活動の中枢は実質的に首長と行政にあるわけですから、まず議会がその権力中枢に迫って争点・論点を情報公開する。この活動に第一と第三の課題がしっかり結びついてこそ議会の活動は効果的になります。

本来ならこれらは議会が議会基本条例を制定してルール化すべき問題です。けれどもそれができなくても、行政基本条例の制定が補ってくれます。私には、議会にとっての行政基本条例は「百利あって一害なし」に思えるのですが、みなさんはいかがでしょうか。

道条例案は抽象的な規定が非常に多いのですが、邪推をすれば、条例案を作成した行政は、行政運営の原則を具体的に書いて、みすみす議会に「攻撃材料」を提供することはないと思っているのかもしれません。ついでに申し上げれば、善きにつけ悪しきにつけ、行政と議会はお互いの姿を写し出す鏡といってよいのかもしれません。

6　道条例案の問題点

最後に道条例案について少しだけコメントします。北海道行政基本条例の考え方、また作成した研究会案の内容について縷々解説させていただきました。あとはみなさんに二つの案を見比べていただきたいと思いますが、これまでお話してきたことを基本にして、道条例案に対する感想を若干申し上げてみたいと思います。

第一は道条例案は非常に抽象度が高いということです。率直にいって「北海道行政理念条例」という印象を持ちました。基本条例に規定される理念に関しては、それに基づいて創設される個別の制度の大半はすでにできているのですから、もう少し具体的に規定することが技術的にも容易にできたはずです。大変惜しい気がいたします。

行政基本条例は、制度や原則が具体的でなければ効用が小さくなることは前に述べたとおりです。仮に抽象的な理念を書くにしても、「本条に規定する○○の理念及び原則に基づいて、別に○○の条例を制定する。」というような書き方をしておけば、個別の制度や条例との関係がはっきりして、全体を体系的に構成できたのではないかと思います。

一読しても行政基本条例とはこのようなものかという明確なイメージが浮かばない。多分これが道条例案の一番の問題点かもしれません。

第二は道民の権利に関する規定の欠落です。本論で、行政基本条例ではあっても道民の権利について言及することは十分に可能であること、また、その論拠を詳しく述べましたが、道条例案には原則として道民等の権利の保障は規定していません。

そのため行政の自己規律、あるいは自己拘束を理念的に述べているだけといった印象を免れません。いわば、行政が道民に対して「私たちはこのような姿勢で行政活動を行います」という宣言にとどまっているわけです。「宣言条例」という印象です。

例えば、研究会案では、道民参加について申し上げれば、道民に対する参加権の保障とそれを具体的に実現させるための制度という二つの要素から構成されるわけですが、道条例案では「道は、道民が参加する機会の拡大に努める」という、行政の努力目標になっています。

第三は、広域自治体としての性格の規定が弱いという印象を持ちました。やはり道の行政基本条例ですから、広域自治体として、あるいは国と市町村の間の中間政府として、どんな役割を果たすべきか、もう少しはっきりさせてもよいと思います。道条例案にはこれらのことを書いていないわけではありませんが、どうも及び腰です。

とくに市町村との関係をもう少し鮮明にすべきだったと思います。道は広域自治体ですから、独自の広域的な行政と市町村に対する補完行政を行います。そのいずれにおいても市町村との協力や市町村の参加がなければ効果的な政策は行えません。

ですから「市町村との連携協力」を抽象的に謳うだけにとどまらず、もう一歩踏み込んで、市町村の道政参加の制度や原則を組み込んでほしかったと思います。

第四は、道条例案には、この条例を根拠にして新設される制度やシステム、あるいは条例制定後直ちに改革しなければならない課題が何であるのか見えてきません。行政基本条例を制定しても、さしあたっては何もしなくてもよいというようにも読み取れます。

行政基本条例は、これまでの道政改革を集大成したものですが、集大成ということは、これまで実行した改革の成果を集約することと、まだ達成できなかった改革の課題をこの行政基本条例で実現する、という二つの意味を含みますが、後者についての言及が少ないのは寂しい限りです。

もっと今後の道政改革の道標になるような、ダイナミックな条例であってほしかったと思います。

道条例案に規定されている新規の制度は道民投票関連の規定だけでしょうか。

第五は最高規範の規定の問題です。前文に「道政運営の全般にわたる指針としてこの条例を制定する。」と書いていますが、研究会案に比べるといかにも弱々しい。これは条例全体の性格とも深く関連しています。道条例案がいま述べた第一から第四のような問題を含んでいる以上、これに最高条例の地位を与えることは無理かもしれません。

細かく申し上げれば、他にもたくさん問題点はありますが、やはり道条例案と研究会案との間には行政基本条例についての基本的な認識の相違があるようです。そして私が指摘しましたような個々の問題点はそこに発しているように思います。

堀達也知事は「神原先生の目指すものは理想が高い」（北海道新聞、二〇〇二年九月三日）「神原氏が目指すのは自治基本条例で、自治体の運営をどうするかは今後大いに議論することだ」（同）と述べています。磯田憲一副知事も「条例案は、道がここ数年間とりくんできた行政改革の一つの集約点。今後もどんどん進化させていきたい」（同、九月九日）と説明しています。

知事、副知事の説明から次の三つのことが浮かび上がってきます。

第一は、行政基本条例の内容は、道の既存の改革の範囲内にとどめ、さしあたって新しい課題は盛り込まない。

第二は、これは「行政」の基本条例（行政基本条例）であって、「自治体」の基本条例（自治基本条例）ではない。

第三は、制定する行政基本条例は、今後さらなる改革を継続して進化させ、将来における自治基本条例の制定をめざす。

私は、行政基本条例であっても、自治基本条例に近づけた内容の条例が制定できると考えたわけですが、道は第一と第二の考えに基づいており、ここに基本的な認識の違いがあるのだろうと思います。

それにしても、道はなぜこのような自己限定の条例案を作成しなければならなかったのでしょうか。本日の講義で何度も申し上げてきたように、北海道は道政改革の実績があるのですから、少し力を注げば、一歩でも二歩でも自治基本条例に近づけることができたのではないかと思うのです。

それができなかったのは、やはり自民党の抵抗を考えたからでしょう。もともと自民党は行政基本条例には否定的な態度をとってきました。その理由が何かは明確にしたことは一度もありませんが、私の観測では二つの理由があったように思います。

第一は、行政基本条例は民主党的な政策だから、このような条例を制定して民主党を利することはないという党利党略的な判断です。

第二は、行政基本条例を制定すれば、自民党としては反対の道民投票制度が盛り込まれるに違いないという道民投票アレルギーです。

最大会派の自民党がこうした考えであることは、道としてはわかっていましたから、それでも自民党の賛成が得られるようにということで、道条例案のようなかたちになったのだと思います。これは私の推測です。

道は現在議会に提出している条例案は修正しないといっています。民主党は中途半端な内容だと批判しています。自民党も民主党とは逆の意味で条例案に反対の姿勢を示しています。したがって、可決されるのかどうかはわかりません。

自民党は道民投票アレルギーで、その言葉を聞いただけで拒絶反応を示します。ですから多分道条例案をきちんと読んで反対しているのではないと思います。事実、一昨日私がお会いした自民党の議員さんは道民投票制度の導入に絶対反対だといっていましたが、条例案の内容はほとんど知ってはおりませんでした。

道条例案の道民投票制度は、知事、議会、道民の三者に発議権を与えた研究会案とは違って、道は必要があると認めるときは別に定める条例によって道民投票を行うことができる、という規定です。知事の意思だけで実施するわけではなく、議会の判断を介在させるのですから、このことに自民党は気づいて、それなら許容の範囲内だといって最後は賛成するのではないでしょうか。

まもなく結論が出ます。行政基本条例の制定に肯定的な民主党が反対し、否定的だった自民党が賛成するという、奇妙なプロセスをたどるかもしれません。

おわりに　――安易な基本条例の戒め

これで予定した講義を終えることにいたしますが、締めくくりとして最後に三点だけ追加させていただきます

一つ目は、先に申しましたように、道は条例案を修正しないといっています。もし内容の修正がないのなら、せめて「北海道行政理念条例」と名称を変更していただけないかと願っています。そのほうが内容と一致しますし、そのあとでもう一度仕切り直しをして本格的な行政基本条例を検討するのがよいのではないかと思います。

二つ目は、これからの議論において、道民投票の制度化だけが行政基本条例の課題ではないということを関係者に認識していただきたいということです。

私たちは、行政基本条例において道民投票さえ制度化されればあとの問題はどうでもよいという認識が支配的になって、行政基本条例の意義とか各論の議論がおろそかになることを一番恐れ

ています。不幸にして、もしそれが現実になるとすれば、そのときはいさぎよく行政基本条例の制定を断念すべきだとさえ思っています。

マスコミの報道や議会の議論を見ていると、「道民投票条例」を議論しているかのような錯覚さえ覚えます。その意味で私たちの危惧はすでに現実問題になっているのですが、非常に残念なことです。コトの本質に正面から向き合っていただきたいと思います。

道民投票制度は、重要な政策選択に関して、究極的な、非日常的な場面で活用される制度ですが、むしろそうした制度が活用されなくてもよいような日常的な道民参加と合意形成の行政運営のあり方こそきちんと議論しなければならないのではないでしょうか。

私がここで強調したいのは、この道民投票だけでなく、これと同じ重さで他の制度も検討しなければならないということです。道民投票の問題があるがゆえにそれがかなわないというのであれば、道民投票問題は行政基本条例から除外してもよいでしょう。

道民と道政にとって行政基本条例の制定は歴史的な大事業です。道がそこまでこぎ着けたことは、率直に評価しなければなりません。けれども、拙速は避けたいものです。しっかりした道民参加の手続をふんで、レベルの高い行政基本条例の制定をめざしてほしいと思います。制度を創るときの精神が健全なら、制度を活かす精神も健全に育ちます。

私たちが研究会条例案を発表して以来、マスコミは例によって「ブレーンの造反」とおもしろおかしく書き立てています。私たちは「造反」しているのでも「抵抗」しているのでもありません。道のパブリックコメント手続において「参加」しているのです。

行政基本条例を制定したくても制定できるレベルに達していない都府県はたくさんあります。北海道は、現に行政基本条例を制定しようとしているのですから、制定か否かといった初期レベルの問題はもうクリアしています。これは忘れてはならない堀道政七年の大きな成果です。

私が新聞紙上や講演などで行っています道条例案に対する批判などは、そうした堀道政の実績に対する評価の上に立って、次なる課題すなわち北海道行政基本条例の水準をいかにして高めるかという議論をしているということなのです。そのことを申し上げて本日の講義を終わります。

ご清聴ありがとうございました。

［付記］　北海道行政基本条例は、二〇〇二年十月十日の道議会で全会一致で原案通り可決され、同十八日、公布とともに施行されました。堀知事は同十日の予算特別委員会で北海道行政基本条例は「道の『最高規範』」との認識を示すとともに、「自治基本条例は今後検討していく課題である」と述べました。

（本稿は、二〇〇二年九月二十八日、北海学園大学三号館四十一番教室で開催された地方自治土曜講座の講義記録です。）

〈資料〉1　北海道行政基本条例研究会案

［この条例案は、北海道地方自治研究所・自治基本条例研究会（神原勝・佐藤克廣・辻道雅宣）が2002年8月上旬に作成し、道に提出したものです。］

目次

前文
第1章　総則（第1条～第3条）
第2章　情報の公開及び共有（第4条～第6条）
第3章　道民及び市町村の参加（第7条～第11条）
第4章　多様な主体との協力（第12条～第15条）
第5章　行政の政策活動の原則（第16条～19条）
第6章　行政組織及び職員政策（第20条～24条）
第7章　公正及び信頼の確保（第25条～29条）
第8章　道民、知事及び職員の責務（第30条～第32条）
第9章　最高規範性及び見直し手続（第33条～第34条）
附則

わたしたちの北海道は、先人による希望と苦節の歴史を歩んで今日の姿に発展するとともに、時代の節々において国政上の重要な役割を分かち合ってきた。いま21世紀を迎え、わたしたちの国と北海道は、国際化、少子・高齢化、高度情報化など、社会経済情勢の大きな変化に直面している。わたしたち道民は、これからの時代も、北海道の恵まれた資源を活かして、地球環境問題の解決や食糧の安定供給、自然エネルギーの開発など、国内外の今日的課題に貢献しながら、優れた自然環境と自立した経済のもとで、心豊かに暮らせる北海道づくりを進めたいと思う。

国土面積の二割を超える広大な北海道は、自然や歴史、文化や産業など、様々な特徴を持った地域を包摂している。北海道は、そうした個性ある諸地域の連合体であり、それゆえ北海道づくりは、それぞれの地域に暮らす道民と道民にとって最も身近な政府である市町村の創意と行動を基礎に進めなければならない。市町村と国との間に位置する道は、地方分権時代にふさわしく、補完性の原理に基づいて、道民や市町村がその潜在力や可能性を十分に発揮できるよう、これらを支援する役割を担わなければならない。

すでに道では、地方分権時代の北海道づくりを想定して、これに対応できる自律的な行政体制の確立をめざして、道政改革を進め、情報公開、政策評価、支庁改革、市町村参加など、今日の都道府県が具備すべき制度の多くを積極的に整備してきた。道は、この道政改革を今後も継続し、導入した制度は不断の点検によって定着させ、また不足するものは果敢に補充して、自治的、総合的な行政体制の確立にいっそう努めなければならない。

この条例は、これまで積み重ねた道政改革の成果を踏まえるとともに、これからのあるべき道政を展望して制定するものである。これは、わたしたち道民が自らの地域を自らの創意と工夫によって築こうという決意の表明であるとともに、道民の信託に基づく道政の基本的な理念や原則を確立し、その理念や原則をこの条例を根拠にして創設される多数の基幹的な制度についても明確にしようとするものである。

ここに、すべての道民、知事、道の職員、市町村その他の関係者に共有され、遵守されるべき最高の条例として、道の行政運営と政策活動を律するこの条例を道民の総意により制定する。

第1章　総　則

（目的）

第1条　この条例は、道民の選挙によって選出され、道民に対して直接の責任を負う知事が統括する道の行政運営における基本理念及びこの基本理念に基づいて創設する制度の基本原則を定めることによって、北海道における民主主義の実現と政策の質の向上を図り、もって日本国憲法第92条に定める地方自治の本旨を実現することを目的とする。

（用語の定義）

第2条　この条例において次の各号に掲げる用語の意義は、当該各号の定めるところによる。

(1) 道民　北海道の区域内に住所を有する自然人及び事務所または事業所を有す法人をいう。

(2) 道　知事を代表者とする地方公共団体（以下「自治体」という。）としての北海道をいう。

(3) 道政　自治体としての北海道における政治及び行政の総体をいう。

（行政運営の基本理念）

第3条　道は、次の各号に掲げる基本理念に基づいて制度を創設し、行政を運営しなければならない。

(1) 道民の知る権利に応えて十分な説明責任を果たすことにより、透明な道政を築くとともに、道民参加を効果的に推進するための条件を整えること。（情報の公開及び共有）

(2) 道民及び市町村が、いつでも道政に参加できるように、恒常的な参加の制度及び時宜に応じた参加の機会を保障すること。（道民及び市町村の参加）

(3) 道と道民並びに道と市町村及び国との役割分担を明確にし、これらの多様な主体の責任と協力に

よって北海道の公共的課題の解決を図ること。（多様な主体との協力）
(4) 総合計画、政策評価、財務会計、法務体制等の政策活動に係る重要事項についてあるべき原則を明らかにし、最良の手法と技術を用いて政策活動を行うこと。（行政の政策活動の原則）
(5) 知事を中心とする行政の意思決定を補佐するため、簡素で効果的な行政組織を編成するとともに、道の職員の能力開発に努めること。（行政組織及び職員政策）
(6) 不正行為の防止、効率的な行政運営のための監査、道民の苦情の処理等の体制を確立し、道政における公正及び信頼を確保すること。（公正及び信頼の確保）
2 道は、情報公開と道民参加の関係、政策評価と総合計画の関係等、行政の制度を可能な限り相互に関係づけて活用し、相乗的な効果をあげるよう努めなければならない。
3 道は、行政の制度が複雑化して道民を遠ざけることがないよう、簡素で分かりやすく、すべての人々に共有されるための制度を不断に追究しなければならない。

第2章　情報の公開及び共有

（道民の知る権利）

第4条　すべての道民は、道が保有する情報を知る権利を有するとともに、道に情報の作成を提案する権利を有する。
2 道が保有する情報は、道と道民とが共有する財産であって、道の占有物ではない。
3 前2項の基本原則に基づき、必要な事項は別に制定する情報公開に関する条例で定める。

（行政の説明責任）

第5条　道は、道政の諸活動に関して、道民に積極的に説明する責任を有する。
2 道は、情報の作成及び公開に当たっては、その効果をあげるため、道民参加、市町村参加、政策評価、計画策定等、この条例に規定する他の様々な制度と結びつけて工夫しなければならない。
3　道は、情報公開に関する道民の不服の申立てに関して、適正な対処の手続を定めなければならない。
4　前3項に掲げる原則に基づき、必要な事項は前条第3項の情報公開に関する条例において定める。

(個人情報の保護)

第6条　何人も道に対して、自己に関する個人情報について、開示及び訂正を請求することができる。この場合において何人もこれらに関する道の措置に不服がある場合は、異議を申し立てることができる。
2　道は、個人の権利及び利益が侵害されることがないよう、個人情報の収集、利用、提供、連結、管理等に関して、適切な措置を講じなければならない。
3　前2項に掲げる原則に基づき、必要な事項は別に制定する個人情報の保護に関する条例で定める。

第3章　道民及び市町村の参加

(道民の参加権)

第7条　道民は、主権者として道政に参加する権利を有する。
2　満20歳未満の道民及び北海道に定住する外国人は、自らに関係のある課題に関して道政に参加する権利を有する。
3　独自の歴史と文化を有する北海道の先住民族は、その独自性の観点から道政に参加する特別の権利を有する。

(参加機会の保障)

第8条　道は、次の各号に掲げる道政の基本的な事項を定める計画や条例の立案に当たって、案の内容の公表、必要な情報の作成及び公開、道民意見の募集、募集意見の取扱い等の手続を明確にして、全道的な観点から道民に参加の機会を保障しなければならない。

(1) 長期総合計画、分野別の政策及び地域別の政策の基本的な計画の立案。
(2) 道政運営の基本方針や政策の基本方針を定める条例案の立案。
(3) 道民に義務を課し、または道民の権利を制限する条例案の立案。
(4) その他、道民生活に重大な影響を及ぼすことが予測される重要問題に係る意思決定等。

2　道は、北海道の広大な行政区域のもたらす難点を克服して、実効ある道民参加を推進するため、支庁における道民参加の体制を確立するなど、地域的な観点からの道民参加を行わなければならない。

3　道は、前2項に規定するもののほか、道政の運営や政策の立案、実施をはじめとする道政の各般において、多様な方法を用いて道民の意見を把握し、これを道政に反映させるよう努めるものとする。

4　道は、道民参加の記録を作成し、保存し、及び公開しなければならない。

（市町村の参加）

第9条　住民の生活に基礎的な責任を広く有する市町村は、その行政を効果的に推進するため、道に対して意見を提出することができる。市町村の各種連合組織及び広域行政の組織においても同様とする。

2　道は、前項に規定する市町村の意見提出に対して真摯に応答するとともに、市町村に対する補完行政及び広域の自治体としての道政を効果的に推進するため、政策の立案、実施をはじめとする道政の各般において、積極的に市町村の意見を求めなければならない。

3　道政に対する市町村の参加を推進するため、前条で規定した全道的及び地域的な観点からする道民参加の制度の原則は、市町村の参加に関しても準用する。

（参加条例の制定）

第10条　道は、前3条に規定する道民及び市町村の参加に関する理念及び原則のほか、この条例に規定するその他の参加に関する規定を踏まえ、別に道民及び市町村の参加の推進に関する総合的な条例を制定するものとする。

（道民投票）

第11条　知事は、北海道に係る重要事項について、道民の意思を直接確認するため、自らの判断により道民投票を実施することができる。

2　知事は、議会が議決によって道民投票の実施を求めたときは、これを実施しなければならない。

3　知事は、道民有権者がその総数の5分の1以上の者の連署によって道民投票の実施を請求したときは、これを実施しなければならない。

4　知事は、道民投票を実施するときは、投票の事案に係る争点情報を明らかにするとともに、投票の結果を尊重しなければならない。

5　第1項から第3項までの道民投票の実施に関して必要な事項は、事案に応じて別に条例で定める。

6　第3項の道民投票の実施の請求に関する一般的な要件及び手続等に関しては、別に制定する道民投票の請求に関する条例で定める。

第4章　多様な主体との協力

（市町村との関係）

第12条　地方自治の基礎は市町村の自治であることから、道は、市町村の自主性及び自律性を尊重し、市町村及び市町村が設立する広域連合に対して、可能な限り権限及び財源を移譲し、その自治基盤を強化しなければならない。

2　道は、市町村の基礎行政を補完する広域の自治体であるとの観点から、市町村の態様及び政策課題等を把握するとともに、市町村の協力を得て広域の自治体としての行政を効果的に推進しなければならない。

（他の自治体との関係）

第13条　道は、自治体に共通する課題の解決を図るため、都府県をはじめとする道外の自治体との連携、強調及び交流に努めるとともに、道及び道内市町村の主張や先駆的な営為等を積極的に道外に発信するものとする。

（国との関係）

第14条　道は、国との関係が対等かつ協力の関係にあること、及び市町村を補完する広域の自治体としての立場を踏まえ、北海道の自主的、自律的発展のために、国に対して制度、政策の改善等に関する働きかけを積極的に行うよう努めるものとする。

（国際交流）

第15条　道は、地方自治の確立と発展の重要性が国際社会の共通の理解になりつつある状況を深く認識し、近隣諸国の自治体をはじめとして、国際的な交流及び協力の関係を拡充するとともに、道民の国際交流活動に対する支援に努めるものとする。

第5章　行政の政策活動の原則

（総合計画等）

第16条　道は、本道のめざす将来の姿を明らかにし、保持する政策の資源を有効に活用して、これを総合的かつ計画的に実現するため、議会の議決を経て長期総合計画（以下「総合計画」という。）を策定する。

2　総合計画は、次の各号に掲げる要件を満たして策定しなければならない。
(1) 策定に当たって道民参加及び市町村参加を実施すること。
(2) 政策分野別の計画及び地域別の計画を含むとともに、その相互関係並びにそれぞれにおける政策、施策及び事業の体系的な関係を明らかにすること。
(3) 時代や社会経済情勢の変化に弾力的に対応できるよう計画期間を定めること。
(4) 推進のための管理を適切に行い、進捗状況を定期的に公表すること。
3　道が行う政策、施策及び事業は、法令の規定によるものまたは緊急を要するもののほかは、すべて総合計画に根拠を置くものとする。
4　総合計画以外に特定の政策分野における基本的な方向を明らかにする個別計画等を策定する場合は、総合計画との関係を明確にするとともに、策定後においても総合計画との十分な調整のもとで進行を管理しなければならない。
5　総合計画をはじめとする諸計画は、これらが政策評価において最も重要な政策の検証基準になることを、あらかじめ想定して策定されなければならない。

(政策評価)

第17条　道は、道民から付託された道政を効果的かつ効率的に運営していくために、政策の立案、決定、実施及び評価という政策の循環過程を確立して、道政の透明性を高めるとともに、限りある財源や人員等の政策資源を効果的に活用し、政策の合理的な選択及び質の向上に努めるものとする。
2　前項の目的を達成するため、道は、別に定める政策評価に関する条例における評価体系及び手続に基づいて、道のすべての機関において政策評価を行い、その結果を予算、政策、機構及び人事に反映させなければならない。
3　道が行う政策評価は、必要性、経済性及び効率性の観点から、道の政策活動の効果をできる限り客観的かつ厳正に測定できる方法で行うとともに、政策評価に関する適切な情報が作成され、かつ、評価過程に道民が参加するものでなければならない。

（財務会計）

第18条　道は、財政状況を総合的に把握し、的確な財政分析を行い、もって最小の経費で最大の効果をあげる健全な財政運営に努めなければならない。

2　前項の目的を達成するため、道は、次の各号に掲げる財務情報等を整備するものとする。

(1) 一般会計、特別会計、企業会計、関与団体等の連結決算を行い、道の全会計の現状を正確に把握し、公表すること。

(2) 予算書及び決算書のほか、行政コスト計算書、対都府県行政水準比較表、支庁別行政水準比較表等を作成し、公表すること。

(3) その他必要な財務情報を作成し、公表すること。

3　道は、前項の財務情報に基づく財政分析のほか、総合計画及び政策評価の結果を踏まえて毎年度の予算を編成しなければならない。

4　道は、新税の導入など道民負担のあり方や道有財産の活用等の検討とともに、国に対して税源の移譲をはじめとする財政における分権改革の誠実な実施を求めるなど、道の自立的な財政基盤の強化に努めなければならない。

5　道は、中長期的な展望にたって、財政健全化に関する計画を策定し、財政の健全化のための実効性ある対策を講じなければならない。

（法務体制）

第19条　道は、自主的で質の高い政策を実行するため、次の各号に掲げる法務に関する行政の体制を充実しなければならない。

(1) 条例、規則等の自治立法を積極的に行うこと。（立法法務）

(2) 日本国憲法、法令等を自主的に解釈し、運用すること。（運用法務）

(3) 提訴、応訴など訴訟に的確に対応すること。(訴訟法務)
(4) 国に法令等の制定改廃を提言すること。(改革法務)
(5) 情報及び技術の提供の観点から道民の立法活動を支援すること。(支援法務)

2　前項に規定する目的を達成するため、知事は、次の各号に掲げる措置を講じて、道の職員の法務能力の向上に努めるのもとする。

(1) 法務担当の組織に自治体の自主的な法務活動の意義を理解する職員を配置すること。
(2) 法務に優れた識見を有する職員または法務に関心を持つ職員からなるプロジェクト・チームを組織し、法務事項に関して自由かっ達な議論を行わしめ、これを法務行政に反映すること。
(3) 法務研修の充実及び法科大学院への派遣等により、職員の法務能力の向上に努めること。

第6章　行政組織及び職員政策

(意思決定)

第20条　知事は、道の代表者として適切な意思決定を行い、かつ、政策方針を明確にして道政を推進するため、次に掲げる措置を講じるものとする。

(1) 行政の意思決定機構を充実すること。
(2) 行政の意思決定機構を補佐する行政組織を定めること。
(3) 行政の意思決定機構の構成員並びに協議及び決定の内容をその都度公表すること。

(組織編成)

第21条　道の知事部局の行政組織は、この条例に定める行政運営の基本原則並びに社会経済情勢及び道民ニーズの変化に的確に対応するとともに、次の各号に掲げる事項を踏まえて系統的に編成しなければならない。

(1) 行政組織を不断に点検し、簡素で透明性の高い組織を編成すること。
(2) 分野別の政策及び事務を所掌する本庁組織、地域別の政策及び事務を所掌する支庁組織及び財政、人事、計画等道行政全体の運営に関する政策及び事務を所掌する全庁組織の三部門に大別し、これを基本に編成すること。
(3) 前号に規定する本庁組織、支庁組織及び全庁組織は同格とし、これら三部門間の適切な機能分担のもとに、相互の抑制と均衡による行政の運営体制を築くこと。
(4) 総合計画に定める道の基本的な政策体系及び政策評価を行政組織の編成に反映させること。
2 前項に規定する常設の行政組織の編成のほか、知事は、道政の戦略的な政策課題を検討するため、必要に応じて、期限を定めて課題ごとにプロジェクト・チームを設置するものとする。この場合において、構成員の一定数を庁内において公募する職員に割り当てるほか、道民及び市町村の職員の参加も考慮するものとする。
3 第1項及び第3項の規定は、第1項第2号及び第3号を除き、知事部局以外の道の機関について準用するものとする。

(職員政策)

第22条 道は、適切な数の職員による効果的な行政を遂行するため、不断に職員の能力の向上を図るとともに、職員の適正な配置を行わなければならない。
2 職員の定数は、財政事情を十分に勘案したものであることを基本に、政策課題の変化及びこれに伴う行政組織の編成等を踏まえて、定めるものとする。
3 職員の能力を活かし、組織を活性化するため、次の各号に掲げる措置等を講じるものとする。
(1) 前条第1項に規定する三部門間において積極的に人事異動を行うこと。
(2) 広く人材を登用し、その英知を道政に活かすため、民間企業等の職務経験者の採用、市町村の職員及び民間企業の職員と道の職員との人事交流に努めること。

(3)道民の道政参加に準じ、個人、職制、部課及び団体による職員参加を行うこと。

4　道は、職員が能力を向上させることができるよう、政策研究及び研修システムを充実するとともに、自己研鑽のための多様な機会の保障に努めなければならない。

(審議会等)

第23条　道は、国の法令または道の判断によって審議会等(以下「審議会」という。)を設置する場合は、情報公開及び道民参加の理念と原則に則してこれを運営しなければならない。

2　前項に規定する審議会の運営に関しては、別に審議会の運営に関する条例を制定し、次の各号に掲げる事項を含め運営の原則及び基準を定めるものとする。

(1)会議、配布資料及び議事録は、原則として完全に公開すること。

(2)委員の任命に当たって、公募による委員の増加並びに女性委員及び市町村関係者の登用に努めること。

(3)委員の在任期間及び同一人を重複して委員に任命する場合の審議会の数について制限を設けること。

3　道は、委員の選任、委員会の開催、会議の公開、予算措置の状況を含め、毎年度審議会の活動状況を公表しなければならない。

4　道は、審議会の設置により、道の行政機関の責任が不明確になることがないよう、濫設及び濫用を抑制するために必要な措置を講じなければならない。

(関与団体)

第24条　道は、道が出資や補助、事務事業の委託または職員を派遣している団体のうち一定の基準を満たすもの(以下「関与団体」という。)に関し、毎年度、関与の実態、団体の運営体制、事業展開等に関する情報を公開しなければならない。

2　道は、道の行う政策評価において、道財政の効率的、効果的な運営及び民間でできるものは民間に委ねることを基本に、当該関与団体の存廃を含む関与のあり方について定期的に見直しを行い、その結果を公表しなければならない。

第7章　公正及び信頼の確保

（行政手続）

第25条　道は、道民の権利利益の保護を図るため、道民の申請に対する処分、不利益処分及び行政指導等に関する基準及び手続を定めて、透明で公正な行政手続を確保しなければならない。

2　前項に規定する目的を達成するため、道は、別に制定する行政手続に関する条例において、道民参加による基準の設定及び手続の決定方法等を定めるものとする。

（外部監査）

第26条　道は、公正で効率的な行政運営を確保するため、専門性及び独立性を有する外部監査人による財務事情及び特定の事業等に関する監査を実施しなければならない。

2　前項に規定する外部監査の実施に係る要件は、別に制定する外部監査契約に基づく監査に関する条例において定めるものとする。

（苦情処理）

第27条　道は、法律に基づく道民の権利利益の救済等の諸制度を補完し、簡易迅速に道民の権利利益の保護を図るため、苦情審査委員を置くものとする。

2　前項に規定する苦情審査委員に関しては、次に掲げる事項を含め、別に制定する苦情審査委員に関する条例において必要な事項を定めるものとする。

(1) 何人も苦情審査委員に対し、道の機関の業務の執行に関して苦情を申し立てることができること。

(2) 知事は、議会の同意を得て、人格が高潔で、行政に関し優れた識見を有する複数の苦情審査委員を委嘱すること。
(3) 苦情審査委員は、職権行使の独立性が保障されること。
(4) 苦情審査委員は、中立であった苦情に関して調査し、是正または改善に関する措置について勧告を行うこと、当該苦情の発生の原因となった制度の改善について意見を表明すること、及びその他の道の機関の業務一般に関して制度の改善を求める意見を表明することができること。
(5) 知事は、苦情審査委員の職務の遂行を補佐するため、行政に関して優れた識見を有する道の職員以外の者を専門調査員として委嘱すること。
(6) 道の機関及び職員は、苦情審査委員の職務の遂行に関し、協力する義務を負うこと。

(職員の報告)

第28条 道の職員は、道庁において行政執行の公正を妨げ、道政に対する道民の信頼を毀損するような行為が行われていることを知ったときは、勇気をもって、その事実を次項の機関に報告しなければならない。

2 知事は、前項の道の職員の報告を受けて調査する機関として、知事直属の行政適正化委員会を設置するとともに、この機関において改善すべき事実が確認された場合は、その内容を公表し、厳正かつ適正な措置を講じなければならない。

3 知事は、第1項に規定する道の職員の行為が、地方公務員法（昭和25年法律第261号）第30条に定める服務の根本基準に反しない限り、当該行為を理由に当該職員に不利益となる措置を行ってはならない。

4 道の職員の報告の対象及び手続、当該職員の保護、行政適正化員会の所掌事務及び権限並びに委員の委嘱、知事の措置等については、別に制定する行政の適正化に関する条例において定めるものとする。

(公務員倫理)

第29条　道の職員の公務員としての自覚を促し、公務に対する信頼の確保を図り、道行政の健全な発展に資するため、別に制定する道の職員の公務員倫理に関する条例において、必要な事項を定めるものとする。

第8章　道民、知事及び職員の責務

（道民の責務）
第30条　道民は、この条例で定める知る権利及び参加の権利等を積極的に行使して、連帯意識と公共心を培い、もって基本的人権の尊重のうちに互いが共和する豊かな北海道づくりに貢献する責務を有する。

（知事の責務）
第31条　知事は、この条例に定める行政の理念及び原則並びにこれらに基づいて創設される制度を遵守して道政を推進し、もって道民に対する自己の直接の政治責任を果たさなければならない。
2　知事は、道の職員に対して、この条例に定める行政の理念及び原則並びにこれらに基づいて創設される制度の遵守を不断に求めるとともに、それが確実に実行されるよう環境を整備しなければならない。

（職員の責務）
第32条　道の職員は、その職責が道民の信託に由来することを自覚し、この条例に定める行政の理念及び原則並びにこれらに基づいて創設される制度を遵守して職務を遂行しなければならない。
2　道の職員は、道民のニーズや地域の政策課題に適切に対応していくため、自ら道民の一員であることを自覚し、道民としての発想に立って政策能力の向上に努めなければならない。

第9章　最高規範性及び見直し手続

（最高規範性）

第33条　この条例は、道の行政運営における最高規範であって、道は、この条例に違反する条例、規則の制定その他の行為をしてはならない。

2　道は、この条例に定める行政運営の基本理念及び基本原則に照らして、不断にその他の条例、規則等の制定改廃に努めるものとする。

3　道は、日本国憲法、法律及び政令等を独自に解釈し、運用する場合も、この条例に照らして、主体的かつ民主的に判断するよう努めなければならない。

（見直し手続）

第34条　道は、この条例の施行から3年を超えない期間ごとに、道民、市町村、道の職員等が参加する検討機関を設置し、この条例が所期の目的を達成しているかどうかを検討するものとする。

2　道は、前項の検討の結果、制度の改善が必要な場合は、この条例の改正を含めて適切な措置を講じなければならない。

附　則

この条例は、平成15年4月1日から施行する。

〈資料〉2　北海道行政基本条例

（平成十四年十月十八日公布とともに施行）

目次

前文
第一章　総則（第一条）
第二章　行政運営の基本理念（第二条）
第三章　行政運営の基本原則
第一節　情報公開と道民参加の推進（第三条―第六条）
第二節　総合的、効果的かつ効率的な政策の推進（第七条―第一二条）
第三節　道民の権利利益の保護（第一三条―第一五条）
第四節　道民との協働（第一六条）
第五節　市町村等との連携協力（第一七条―第一九条）
第四章　知事及び職員の責務等（第二〇条―第二二条）
附則

前文

国際化をはじめ、少子高齢化の進行や高度情報化の進展、環境重視型社会への移行など北海道を取り巻く社会経済情勢は大きく変化しており、また、社会の成熟化に伴い、道民の価値観も多様化している。

こうした中で、道内では、多くの人々が、各地域の多様な特性を生かした産業の新たな展開に向けて、あるいは、福祉、環境、教育など様々な分野における公共的な課題の解決に向けて、積極的な活動を繰り広げている。

地方分権が進展する今日、この北海道において、地方自治を更に発展させて、地域のことは地域の責任の下に決定する分権型社会を実現し、個性豊かで活力ある地域社会を築いていくためには、地域づくりの主体である道民と道及び市町村がそれぞれの役割と責任を果たし、互いに連携を深めることによって、共に新しい時代の進路を拓いていくことが求められている。

こうした観点から、道政の推進に当たっては、道民と情報を共有し、道民が道政に参加する機会を拡大するとともに、公共的な分野における道民との協働を進め、更に市町村との連携協力を深めていかなければならない。

道では、これまで、道政改革を進め、情報公開や政策評価などの行政運営に関する制度を整備してきたが、今後とも、このような取組を更に進めるとともに、様々な制度を相互に連動させることにより、本道の実情に即した質の高い政策を展開し、多様化する課題や道民のニーズに対応していかなければならない。

このような考え方に立って、道政運営の全般にわたる指針として、基本となる理念及び原則を明らかにすることにより、新しい時代に対応した道政運営を確立し、道民及び市町村と一体となって、活力に満ち、ゆとりと豊かさを実感できる北海道を築いていくため、この条例を制定する。

第一章 総則

（目的）

第一条 この条例は、道の行政運営に関し、基本的な理念及び原則を定め、並びに知事及び職員の責務等を明らかにすることにより、地方分権の進展に対応した主体的な道政運営を確立するとともに、道民の信頼にこたえる道政を実現し、もって道民の福祉の向上を図ることを目的とする。

第二章 行政運営の基本理念

第二条 道（議会を除く。以下同じ。）は、道政が道民の信託に基づくものであるという認識の下に、次に掲げる事項を基本として、行政運営を行うとともに、不断にその改革を推進しなければならない。

一 道政の諸活動の公開性を高め、道政に対する道民の理解を促進するとともに、道政への道民の参加を推進すること。

二 北海道の将来を展望し、地域の実情に即した政策を総合的、効果的かつ効率的に推進すること。

三 行政手続に関し公正の確保と透明性の向上を図ることにより、道民の権利利益を保護すること。

2 道は、公共的な課題を自ら解決しようとする道民の自主的かつ自発的な活動を尊重し、道民との協働による地域社会づくりを進めなければならない。

3 道は、道民に最も身近な行政を担い、地域における政策を総合的に推進する市町村の役割の重要性にかんがみ、行政運営に当たっては、市町村との対等な関係の下に、市町村と連携協力を図らなければならない。

第三章　行政運営の基本原則

第一節　情報公開と道民参加の推進

（情報の公開）

第三条　道は、道政の諸活動について、その公開性を高め、道民に説明する責任を果たすため、公文書の開示を適正に行うとともに、道政に関する情報（政策の形成過程にあるものを含む。次項において同じ。）の積極的な提供に努めなければならない。

2　道は、道政に関する情報を道民に分かりやすく提供するとともに、道民が迅速かつ容易に道政に関する情報を得られるよう多様な媒体の活用等に努めなければならない。

（道民の参加）

第四条　道は、政策の形成過程において、道民の意向を的確に把握し、これを政策に反映するため、道民が参加する機会の拡大に努めなければならない。

2　道は、公聴会等の道民参加の機会を設ける場合には、特定の地域に偏ることのないよう配慮しなければならない。

3　道は、行政運営及び政策の基本的な方針その他の重要な事項を定める計画及び条例の立案に当たっては、その案の内容その他必要な情報を公表し、道民の意見を求めるとともに、その意見に対する道の考え方を公表しなければならない。

4　道は、道民生活にかかわる道政上の重要な課題に関し、広く道民の意思を直接問う必要があると認めるときは、当該課題に関し、別に条例で定めるところにより、道民による投票を行うことができる。

（附属機関等の委員の公募等）

第五条 道は、附属機関等の委員を任命する場合には、その設置の目的等に応じ当該委員を公募し、これに応じた者からも任命するよう努めなければならない。

2 道は、附属機関等の会議を原則として公開しなければならない。

（意見、提言等への対応）

第六条 道は、道政に関する道民の意見、提言等を尊重し、これを行政運営に反映するよう努めるものとする。

第二節 総合的、効果的かつ効率的な政策の推進

（総合計画の策定等）

第七条 道は、長期的な展望に立って、道の政策の基本的な方向を総合的に示す計画（以下「総合計画」という。）を策定しなければならない。

2 道は、総合計画の策定に当たっては、道民及び市町村の意向を反映するため、道民及び市町村の参加機会を確保しなければならない。

3 道は、総合計画の基本的な方向に沿って、効果的かつ効率的に政策を推進するとともに、その推進状況を定期的に公表しなければならない。

4 道は、特定の分野における政策の基本的な方向等を明らかにする計画については、総合計画が示す政策の基本的な方向に沿って策定し、及び推進しなければならない。

（政策評価の実施等）

第八条 道は、効果的かつ効率的に行政を推進するとともに、道政に関し道民に説明する責任を果た

すため、政策評価を実施し、これに関する情報を道民に公表しなければならない。

2　道は、政策評価に関する道民の意見を政策評価に適切に反映させるよう努めるものとする。

3　道は、政策評価の結果を予算編成、組織及び機構の整備並びに総合計画の推進管理等に反映させるものとする。

（財政運営等）

第九条　道は、中長期的な展望に立って、自主的かつ健全な財政運営を行わなければならない。

2　道は、毎年度の予算及び決算その他財政に関する事項を、道民に分かりやすく公表しなければならない。

（執行体制の整備）

第一〇条　道は、社会経済情勢の変化及び多様化する課題に的確に対応するため、組織及び機構の不断の見直し、民間能力の活用等により効果的で効率的な執行体制を整備しなければならない。

（外部監査人の監査）

第一一条　道は、効果的で効率的な行政運営を確保するため、専門性及び独立性を有する外部監査人（地方自治法（昭和二二年法律第六七号）第二五二条の三〇第一項に規定する外部監査人をいう。）が実施する財務に関する事務等に関する監査の結果等を踏まえ、必要な措置を講じなければならない。

（法令の解釈等）

第一二条　道は、地方自治の本旨及びこの条例の趣旨に基づいて、法令を解釈し、運用するものとする。

2　道は、行政運営に関する基本的な制度及び政策の推進に関する基本的な事項について、条例化に向けた必要な措置を講ずるよう努めるものとする。

第三節　道民の権利利益の保護

（許可等の処分等に関する手続）

第一三条　道は、条例等に基づく許可等の処分及び届出並びに行政指導に関する手続に関し、許可等の審査に関する基準、申請から処分までに要すべき標準的な期間等の共通する事項を定めることにより、行政手続における公正の確保と透明性の向上を図らなければならない。

（苦情の審査等）

第一四条　道は、その業務執行に関する道民からの苦情に対し、中立的な立場にある者による審査等が行われた場合には、その結果を踏まえ、必要な措置を講じなければならない。

（個人情報の保護）

第一五条　道は、個人に関する情報の保護を図るため、個人に関する情報の収集、利用、提供、管理その他の取扱いを適正に行わなければならない。

第四節　道民との協働

第一六条　道は、道民との適切な役割分担の下に、様々な分野における公共的な課題の解決を図るため、道民との協働を積極的に進めなければならない。

2　道は、道民との協働を推進するための環境の整備に努めなければならない。

第五節　市町村等との連携協力

（市町村との連携協力）

第一七条　道は、地域の実情に即した政策を推進するため、市町村と適切に役割を分担し、連携協力しなければならない。

2　道は、市町村にかかわる重要な課題に関する政策の形成過程において、関係する市町村の意見を求め、これを政策に反映するよう努めなければならない。

（都府県等との連携協力）

第一八条　道は、相互に共通する政策課題を解決するため、他の都府県等との連携協力に努めるものとする。

（国への協力要請及び意見等の提出）

第一九条　道は、本道の特性並びに道民及び市町村の意向を踏まえた政策を効果的に推進するため、国に対し必要な協力を求めるとともに、積極的に意見を述べ、又は提言を行うものとする。

第四章　知事及び職員の責務等

（知事の責務）

第二〇条　知事は、第二章に定める基本理念及び前章に定める基本原則に基づき道政を推進する責務を有する。

（職員の責務）

第二一条　職員は、第二章に定める基本理念及び前章に定める基本原則に基づき職務を遂行する責務を有する。

（職員の育成等）

第二二条　知事等任命権者は、本道の課題に的確に対応した政策を推進するため、職員の育成を図らなければならない。

2　職員は、政策の立案及び遂行に関する能力の向上に努めなければならない。

附　則

1　この条例は、公布の日から施行する。

2　知事は、この条例の施行後三年を経過した場合において、道政運営の状況、社会経済情勢の変化等を勘案し、この条例の規定について検討を加え、その結果に基づいて必要な措置を講ずるものとする。

〈資料〉3　ニセコ町まちづくり基本条例

（平成十三年四月一日施行）

ニセコ町は、先人の労苦の中で歴史を刻み、町を愛する多くの人々の英知に支えられて今日を迎えています。

わたしたち町民は、この美しく厳しい自然と相互扶助の中で培われた風土や人の心を守り、育て、「住むことが誇りに思えるまち」をめざします。

まちづくりは、町民一人ひとりが自ら考え、行動することによる「自治」が基本です。わたしたち町民は「情報共有」の実践により、この自治が実現できることを学びました。

わたしたち町民は、ここにニセコ町のまちづくりの理念を明らかにし、日々の暮らしの中でよろこびを実感できるまちをつくるため、この条例を制定します。

第1章　目的

（目的）

第1条　この条例は、ニセコ町のまちづくりに関する基本的な事項を定めるとともに、まちづくりにおけるわたしたち町民の権利と責任を明らかにし、自治の実現を図ることを目的とする。

第2章　まちづくりの基本原則

（情報共有の原則）
第2条　まちづくりは、自らが考え行動するという自治の理念を実現するため、わたしたち町民がまちづくりに関する情報を共有することを基本に進めなければならない。
（情報への権利）
第3条　わたしたち町民は、町の仕事について必要な情報の提供を受け、自ら取得する権利を有する。
（説明責任）
第4条　町は、町の仕事の企画立案、実施及び評価のそれぞれの過程において、その経過、内容、効果及び手続を町民に明らかにし、分かりやすく説明する責務を有する。
（参加原則）
第5条　町は、町の仕事の企画立案、実施及び評価のそれぞれの過程において、町民の参加を保障する。

第3章　情報共有の推進

（意思決定の明確化）
第6条　町は、町政に関する意思決定の過程を明らかにすることにより、町の仕事の内容が町民に理解されるよう努めなければならない。
（情報共有のための制度）
第7条　町は、情報共有を進めるため、次に掲げる制度を基幹に、これらの制度が総合的な体系をなすように努めるものとする。
(1) 町の仕事に関する町の情報を分かりやすく提供する制度
(2) 町の仕事に関する町の会議を公開する制度
(3) 町が保有する文書その他の記録を請求に基づき公開する制度
(4) 町民の意見、提言等がまちづくりに反映される制度

(情報の収集及び管理)
第8条 町は、まちづくりに関する情報を正確かつ適正に収集し、速やかにこれを提供できるよう統一された基準により整理し、保存しなければならない。

(個人情報の保護)
第9条 町は、個人の権利及び利益が侵害されることのないよう個人情報の収集、利用、提供、管理等について必要な措置を講じなければならない。

第4章　まちづくりへの参加の推進

(まちづくりに参加する権利)
第10条 わたしたち町民は、まちづくりの主体であり、まちづくりに参加する権利を有する。
2 わたしたち町民は、それぞれの町民が、国籍、民族、年齢、性別、心身の状況、社会的又は経済的環境等の違いによりまちづくりに固有の関心、期待等を有していることに配慮し、まちづくりへの参加についてお互いが平等であることを認識しなければならない。
3 町民によるまちづくりの活動は、自主性及び自立性が尊重され、町の不当な関与を受けない。
4 わたしたち町民は、まちづくりの活動への参加又は不参加を理由として差別的な扱いを受けない。

（満20歳未満の町民のまちづくりに参加する権利）

第11条　満20歳未満の青少年及び子どもは、それぞれの年齢にふさわしいまちづくりに参加する権利を有する。

（まちづくりにおける町民の責務）

第12条　わたしたち町民は、まちづくりの主体であることを認識し、総合的視点に立ち、まちづくりの活動において自らの発言と行動に責任を持たなければならない。

（まちづくりに参加する権利の拡充）

第13条　わたしたち町民は、まちづくりへの参加が自治を守り、進めるものであることを認識し、その拡充に努めるものとする。

第5章　コミュニティ

（コミュニティ）

第14条　わたしたち町民にとって、コミュニティとは、町民一人ひとりが自ら豊かな暮らしをつくることを前提としたさまざまな生活形態を基礎に形成する多様なつながり、組織及び集団をいう。

（コミュニティにおける町民の役割）

第15条　わたしたち町民は、まちづくりの重要な担い手となりうるコミュニティの役割を認識し、そのコミュニティを守り、育てるよう努める。

（町とコミュニティのかかわり）

第16条　町は、コミュニティの自主性及び自立性を尊重し、その非営利的かつ非宗教的な活動を必要に応じて支援することができる。

第6章　町の役割と責務

（町長の責務）

第17条　町長は、町民の信託に応え、町政の代表者としてこの条例の理念を実現するため、公正かつ誠実に町政の執行に当たり、まちづくりの推進に努めなければならない。

（就任時の宣誓）

第18条　町長は、就任に当たっては、その地位が町民の信託によるものであることを深く認識し、日本国憲法により保障された地方自治権の一層の拡充とこの条例の理念の実現のため、公正かつ誠実に職務を執行することを宣誓しなければならない。

2　前項の規定は、助役、収入役及び教育長の就任について準用する。

（執行機関の責務）

第19条　町の執行機関は、その権限と責任において、公正かつ誠実に職務の執行に当たらなければならない。

2　町職員は、まちづくりの専門スタッフとして、誠実かつ効率的に職務を執行するとともに、まちづくりにおける町民相互の連携が常に図られるよう努めなければならない。

（組織）

第20条　町の組織は、町民に分かりやすく機能的なものであると同時に、社会や経済の情勢に応じ、かつ、相互の連携が保たれるよう柔軟に編成されなければならない。

（審議会等への参加）

第21条　町は、審査会、審議会、調査会その他の附属機関及びこれに類するものの委員には、公募の委員を加えるよう努めなければならない。

（意見・要望・苦情等への応答義務等）
第22条　町は、町民から意見、要望、苦情等があったときは、速やかに事実関係を調査し、応答しなければならない。
2　町は、前項の応答に際してその意見、要望、苦情等にかかわる権利を守るための仕組み等について説明するよう努めるものとする。
3　町は、前2項の規定による応答を迅速かつ適切に行うため、対応記録を作成する。
（意見・要望・苦情等への対応のための機関）
第23条　町は、町民の権利の保護を図り、町の行政執行により町民が受ける不利益な扱いを簡易かつ迅速に解消させるため、不利益救済のための機関を置くことができる。
（行政手続の法制化）
第24条　条例又は規則に基づき町の機関がする処分及び行政指導並びに町に対する届出に関する手続について必要な事項は、条例で定める。

第7章　まちづくりの協働過程

（計画過程等への参加）
第25条　町は、町の仕事の計画、実施、評価等の各段階に町民が参加できるよう配慮する。
2　町は、まちづくりに対する町民の参加において、前項の各段階に応じ、次に掲げる事項の情報提供に努めるものとする。
(1)　仕事の提案や要望等、仕事の発生源の情報
(2)　代替案の内容
(3)　他の自治体等との比較情報

(4)　町民参加の状況
(5)　仕事の根拠となる計画、法令
(6)　その他必要な情報

（計画の策定等における原則）

第26条　総合的かつ計画的に町の仕事を行うための基本構想及びこれを具体化するための計画（以下これらを「総合計画」と総称する。）は、この条例の目的及び趣旨にのっとり、策定、実施されるとともに、新たな行政需要にも対応できるよう不断の検討が加えられなければならない。

2　町は、次に掲げる計画を策定するときは、総合計画との整合性に配慮し、計画相互間の体系化に努めなければならない。

(1)　法令又は条例に規定する計画
(2)　国又は他の自治体の仕事と関連する計画

3　町は、前2項の計画に次に掲げる事項を明示するとともに、その計画の実施に当たっては、これらの事項に配慮した進行管理に努めなければならない。

(1)　計画の目標及びこれを達成するための町の仕事の内容
(2)　前号の仕事に要すると見込まれる費用及び期間

（計画策定の手続）

第27条　町は、総合計画で定める重要な計画の策定に着手しようとするときは、あらかじめ次の事項を公表し、意見を求めるものとする。

(1)　計画の概要
(2)　計画策定の日程
(3)　予定する町民参加の手法
(4)　その他必要とされる事項

2　町は、前項の計画を決定しようとするときは、あらかじめ計画案を公表し、意見を求めるものとする。

3　町は、前2項の規定により提出された意見について、採否の結果及びその理由を付して公表しなければならない。

第8章　財政

（総則）

第28条　町長は、予算の編成及び執行に当たっては、総合計画を踏まえて行わなければならない。

（予算編成）

第29条　町長は、予算の編成に当たっては、予算に関する説明書の内容の充実を図るとともに、町民が予算を具体的に把握できるよう十分な情報の提供に努めなければならない。

2　前項の規定による情報の提供は、町の財政事情、予算の編成過程が明らかになるよう分かりやすい方法によるものとする。

（予算執行）

第30条　町長は、町の仕事の予定及び進行状況が明らかになるよう、予算の執行計画を定めるものとする。

（決算）

第31条　町長は、決算にかかわる町の主要な仕事の成果を説明する書類その他決算に関する書類を作成しようとするときは、これらの書類が仕事の評価に役立つものとなるよう配慮しなければならない。

（財産管理）
第32条　町長は、町の財産の保有状況を明らかにし、財産の適正な管理及び効率的な運用を図るため、財産の管理計画を定めるものとする。
2　前項の管理計画は、財産の資産としての価値、取得の経過、処分又は取得の予定、用途、管理の状況その他前項の目的を達成するため必要な事項が明らかとなるように定めなければならない。
3　財産の取得、管理及び処分は、法令の定めによるほか、第1項の管理計画に従って進めなければならない。

（財政状況の公表）
第33条　町長は、予算の執行状況並びに財産、地方債及び一時借入金の現在高その他財政に関する状況（以下「財政状況」という。）の公表に当たっては、別に条例で定める事項の概要を示すとともに、財政状況に対する見解を示さなければならない。

第9章　評価

（評価の実施）
第34条　町は、まちづくりの仕事の再編、活性化を図るため、まちづくりの評価を実施する。
（評価方法の検討）
第35条　前条の評価は、まちづくりの状況の変化に照らし、常に最もふさわしい方法で行うよう検討し、継続してこれを改善しなければならない。

第10章　町民投票制度

（町民投票の実施）
第36条　町は、ニセコ町にかかわる重要事項について、直接、町民の意思を確認するため、町民投票の制度を設けることができる。
（町民投票の条例化）
第37条　町民投票に参加できる者の資格その他町民投票の実施に必要な事項は、それぞれの事案に応じ、別に条例で定める。
2　前項に定める条例に基づき町民投票を行うとき、町長は町民投票結果の取扱いをあらかじめ明らかにしなければならない。

第11章　連携

（町外の人々との連携）
第38条　わたしたち町民は、社会、経済、文化、学術、芸術、スポーツ、環境等に関する取組みを通じて、町外の人々の知恵や意見をまちづくりに活用するよう努める。
（近隣自治体との連携）
第39条　町は、近隣自治体との情報共有と相互理解のもと、連携してまちづくりを推進するものとする。
（広域連携）
第40条　町は、他の自治体、国及びその他の機関との広域的な連携を積極的に進めるものとする。

（国際交流及び連携）
第41条　町は、自治の確立と発展が国際的にも重要なものであることを認識し、まちづくりその他の各種分野における国際交流及び連携に努めるものとする。

第12章　条例制定等の手続

（条例制定等の手続）
第42条　町は、まちづくりに関する重要な条例を制定し、又は改廃しようとするときは、次のいずれかに該当する場合を除き、町民の参加を図り、又は町民に意見を求めなければならない。
(1) 関係法令及び条例等の制定改廃に基づくものでその条例の制定改廃に政策的な判断を必要としない場合
(2) 用語の変更等簡易な改正でその条例に規定する事項の内容に実質的な変更を伴わない場合
(3) 前2号の規定に準じて条例の制定改廃の議案を提出する者（以下「提案者」という。）が不要と認めた場合
2　提案者は、前項に規定する町民の参加等の有無（無のときはその理由を含む。）及び状況に関する事項を付して、議案を提出しなければならない。

第13章　まちづくり基本条例の位置付け等

（この条例の位置付け）
第43条　他の条例、規則その他の規程によりまちづくりの制度を設け、又は実施しようとする場合においては、この条例に定める事項を最大限に尊重しなければならない。

（条例等の体系化）

第44条　町は、この条例に定める内容に即して、教育、環境、福祉、産業等分野別の基本条例の制定に努めるとともに、他の条例、規則その他の規程の体系化を図るものとする。

第14章　この条例の検討及び見直し

（この条例の検討及び見直し）

第45条　町は、この条例の施行後4年を超えない期間ごとに、この条例がニセコ町にふさわしいものであり続けているかどうか等を検討するものとする。

2　町は、前項の規定による検討の結果を踏まえ、この条例及びまちづくりの諸制度について見直す等必要な措置を講ずるものとする。

附　則

（施行期日）

この条例は、平成13年4月1日から施行する。

《補論》ニセコ町「基本条例」が開いた扉

情報の共有と住民参加を軸に制定された自治体の「憲法」。全国に先がけてなぜ可能だったのか。ほかの自治体が学ぶべきは何か。

●基本条例は「自治する慣習の条文化」

北海道のニセコ町は「まちづくり基本条例」を今年四月から施行する。まちづくり基本条例というものは、一般的には、自治基本条例とか行政基本条例など、様々に称される（以下「基本条例」と呼ぶ）が、要は、それぞれの自治体の憲法ともいうべき自治体運営の基本原則を、総合的に定めるものである。したがって、基本条例は、自治体が条例やその他の方法で定めた様々な行政運営や自治運営のルールの「最上位に位置する条例」という意味では「最高条例」であり、また、憲法や法律を解釈・運用する際の「判断のよりどころ」となる点では、「最高基準」ということができる。

近年の地方分権の流れのなかで、全国的にこの種の基本条例の出現が待たれていたが、なかなか日の目を見なかった。その点で、ニセコ町が全国で初めての基本条例を制定したことは、地方自治の歴史において画期的な意義をもっている。

ニセコ町の基本条例は四十五箇条からなっているが、なかでも情報の共有と住民参加を最も重視している。第二章「まちづくり基本原則」において、その二つについて理念を述べ、次いで第三章「情報共有の推進」、第四章「住民参加の推進」で、それらの具体的な推進手続を定めている。第五章以下に各論として、コミュニティ、行政手続、総合計画、財務会計、政策評価、住民投票、広域協力、国際交流、基本条例の地位、見直しの手続き、などの規定を配している。

紙幅の関係から細かな紹介はできないが、各論の章にも、情報の共有と住民参加を組み込んだ固有の原則が書かれている。たとえば、町の政策活動について、政策の発生源、代替案の内容、他自治体との比較、住民参加の内容、総合計画上の根拠などに関する政策情報の作成・公開が明記されているが、これなどは特筆に値する。なぜなら、政策活動がこれらの条件を満たして行われれば、町の政策の質が飛躍的に高まることは必然だからである。また、二十歳未満の青少年や子どもに対する参加の権利の保障条項には、様々な主体の協働によるまちづくりを強調する条例にふさわしく、その精神の堅固さが端的に表現されている。

ところで、日本国憲法第九十七条には「この憲法が日本国民に保障する基本的人権は、人類の多年にわたる自由獲得の努力の成果であって」というくだりがあるが、ニセコ町の基本条例にも、過去三十数年の自治体改革の歴史において、次々に登場した全国の先駆自治体・市民の多年にわたる努力の成果をみることができる。おそらくニセコ町の最大の功績は、それらの成果を基本条例に総合化した点にあり、その意味では自治の今日的到達点を示したものといえる。

ニセコ町は、この基本条例をまとめるにあたって、非常に多くの時間と労力を費やした。また、ふだんの町政においても情報の共有や住民参加を積極的に進め、それらは全国的にも高く評価されている。基本条例の制定は、そうした町政の慣習があってこそ実現した。その意味で、今度のニセコ町の営為からは、「自治の実践なきところに基本条例なし」、あるいは「基本条例は自治する慣習の条文化・条例化である」といった教訓を学びとらなければならないだろう。

●地方自治法で自治運営はできない

ニセコ町自身は「地方分権の時代だから基本条例をつくるのではない」といい続けてきた。含蓄に富む言葉である。ここからは、大上段に振りかぶって、ニセコ町の内発性とは無関係な「作文条例」は決してつくらないという、控えめな心情が伝わってくる。けれども、他方ではやはり第三者の立場から、分権時代を迎えた自治のありように大きな影響を及ぼす問題として、この基本条例の意義を考えておきたい。

昨年の地方分権一括法によって、わが国の地方自治は「分権時代の自治」として再出発した。この分権改革には二つの大きな課題があった。第一は国と自治体の関係を対等・協力の関係に改めることであり、第二は権限を増した自治体と市民との関係を変えて、多様な主体による自治運営の協働体制を築くことである。第一の課題については、機関委任事務の廃止を軸に、自治体に対する国の行政的関与が縮小され、あわせて自治立法権の拡充や国・自治体間の司法調整を含む係争処理システムの整備によって、自治体の「政府」としての自立化が進んだ。

ところが、第二の課題についてはは法制度改革は行われなかった。けれども、肝心なことは、いかに豊かな自治運営を行うかという問題だから、法制度の現実はさておいて、自治体は自前の制度開発を試みなければならなくなった。誰の目からみても、もはや地方自治法だけで自治体を運営することはできない。それは今日の自治運営において不可欠となっている情報公開、市民参加、政策評価などについて、地方自治法に一言の規定も存在しないことから容易に理解されよう。したがって、自治体は自前の制度を開発する以外に方法はないのである。

また、これまでの自治体は、概して首長の指導力に依拠してまちづくりを進めてきた。けれども、市民の知的能力や主体的な活動が飛躍的に高まった今日、首長個人の指導性にのみ依存したまちづくりは、反面で自治システムをなおざりにしがちで、市民の自治体に対する心理的距離を拡げてしまう。したがって、市民の知恵やエネルギーを自治体の政策活動に日常的に結びつける総合的なシステムを整備しなければ、自治運営は困難になっている。首長の能力だけに頼る自治体は、長い目でみると自治能力が蓄積できない。ここに基本条例の制定が待たれるもうひとつの理由がある。

●自治を育む北海道の新しい土壌

戦後自治は、先駆自治体が開発した制度・政策が全国に普及し、それが全体としての自治体の力量を高める形をとって発展してきたが、その構図は分権時代になっても変わらない。いま述べた自治の状況から、ニセコ町の基本条例に刺激されて、今後は個性的な基本条例が全国各地に誕生するであろう。

すでに北海道内では、白老町、石狩市、札幌市をはじめ、北海道も過去五年の道政改革で積み上げた多数の個別制度改革をもとに基本条例の制定を予定している。ほかにも予備軍が多数存在する。したがって、北海道ではここ一、二年のうちに相次いで基本条例を制定する自治体が誕生する。

とすれば、ニセコ町の基本条例も、北海道の土壌に照らして、あらためて位置づけ直してみる必要がありそうだ。次のような道内の現象が基本条例の制定に結びついているかどうか定かではないが、雰囲気は察することができるであろう。まず指摘したいのは、自治体職員の学習熱の高まりである。一九九五年以降、数百名の自治体職員を中心に、市民や議員も参加する地方自治土曜講座（半年間）が毎年開かれている。同年には、ニセコ町で北海道自治体学会の結成総会が開かれ、他方では地域版の土曜講座も各地で盛んに開催されるようになった。

こうした流れをつくり出すうえで北海道町村会が大きな役割を演じてきた。一般的に町村会の主たる活動は国に対する陳情だが、北海道はそればかりではない。内部に様々な政策研究会を組織するほか、町村職員の大学院派遣制度も備え、高度な政策情報誌『フロンティア一八〇』も発行している。土曜講座の立ち上げや自治体学会の設立でも町村会は大きな役割を果たした。ニセコ町や基本条例の制定を目指している自治体の職員は、そうした新しい流れの中心に位置しているから、その意味では、北海道での基本条例制定への様々な動きはこれらの現象と深く関係しているかもしれない。

北海道では、近年、市民活動も活発である。ＮＰＯ法人の数は全国で四番目に多く、地域やグループが「地域通貨」の発行を試みるケースも目立ってきた。この地域通貨の発行グループの数も全国で群を抜いている。市場では売買されない埋もれた市民能力を地域通貨の交換を通して活かそうというこの運動は、経済行為というよりは人と人との豊かな関係を築こうという、新型の市民運動として脚光を浴びている。また市民の出資で風力発電所を建設する全国発の試みがこの春に本格化する。このような、地域とかかわる市民の意識と行動の変化も、基本条例の制定を取り巻く新しい環境のひとつであるといえる。

●基本条例時代を迎える日本の自治

話を本題に戻そう。冒頭に、自治基本条例は多様な名称で呼ばれると書いたが、実はそれぞれにニュアンスの違いがある。たとえば、北海道は二〇〇二年に制定する基本条例を「行政基本条例」と呼んでいる。本来の「自治基本条例」なら「行政」のみならず、議会と首長の関係やそれらの代表と市民の関係などにかかわる「政治」の原則も含まれなければならない。だが、議会の改革は決定的に遅れている。一挙にそこに到達するのは困難だから、当面は従来の成果をふまえて「行政」の原則を基本条例化しよう、という意味で行政基本条例と呼んでいる。

この意味でいえば、ニセコ町の基本条例も実質的には行政基本条例に属するといってよい。おそらくこれから制定される自治体の基本条例もこのような性格のものになることが多いと想定される。そこで自治体は、すでに情報公開、政策評価、総合計画、オンブズマンなど、いくつかの行政運営のシステムを積み上げているはずだから、それをベースに、まず行政基本条例の制定に取り組んで、自治基本条例の制定にいたる道のりを戦略的に構想すべきである。

第一に、行政基本条例を制定しなくても、その制定を念頭に置くことによって、すでに存在する制度があれば、それがどのような形式のものであれ、それらの制度を点検して質を高めることができる。つまり、想定される基本条例の内容に照らして、現存する制度の不備や、不足する制度を明らかにし、それを修正したり補ったりして、行政基本条例の制定に確かな道筋をつけるのである。

第二に、行政基本条例の制定にこぎつけられれば、それは自治基本条例への大きなステップになる。すでに述べたように、自治基本条例の制定を展望すれば、やがて「議会基本条例」が必要になる。自治基本条例は、ある意味で行政基本条例と議会基本条例を統合したものだから、行政基本条例の制定は、議会基本条例の制定、ひいては自治基本条例の制定に大きく道を開くことになるのである。

はじめから完璧な自治基本条例はない。現段階のそれは、①すでに存在する制度の水準を高め、同時に、②不足する制度を発見し補う枠組みである。この①②をふまえて、まず、③行政基本条例を制定する。これが実現すれば次なる課題は、④議会基本条例の制定であり、この段階にいたってはじめて、⑤自治基本条例の制定が可能になる。試行錯誤は大いに結構だが、ニセコ町の例のように、しっかりした展望のもとに十分な時間と労力をかけて取り組むべきであろう。

基本条例は、自治体内部のもろもろの制度に優越する「基本性」と、そこに規定される自治原則の「総合性」に生命を宿す。これまで開発されてきた自治運営の諸制度は、総合性を欠くことによって相乗効果が発揮されず、また最高規定の裏づけを欠くことによって形骸化するのが常であった。けれども、それらが基本条例に統合されるとき、個々の制度は相互に連動しながら、生ける制度に生まれ変わる。日本の地方自治は、これから基本条例時代を迎える。その新時代への扉をニセコ町が開いた。

（『世界』二〇〇一年四月号）

著者紹介

神原　勝（かんばら・まさる）

北海道大学大学院法学研究科教授

一九四三年北海道生まれ。一九六七年中央大学法学部卒業。財団法人東京都政調査会研究員、財団法人地方自治総合研究所研究員を経て、一九八八年から北海道大学教授、現在に至る。

主な著書『転換期の政治過程―臨調の軌跡とその機能』（総合労働研究所・一九八六年）。『北海道自治の風景』（北海道新聞社・一九九六年）。『現代自治の条件と課題』（北海道町村会・一九九五年、ブックレット）。『神原勝の首長鼎談』（北海道町村会・二〇〇三年）。共編著『資料・革新自治体（正・続）』（日本評論社・一九九一年・九八年）。共著『分権社会のデザイン』（ぎょうせい・一九九七年）等多数。

刊行のことば

「時代の転換期には学習熱が大いに高まる」といわれています。今から百年前、自由民権運動の時代、福島県の石陽館など全国各地にいわゆる学習結社がつくられ、国会開設運動へと向かう時代の大きな流れを形成しました。学習を通じて若者が既成のものの考え方やパラダイムを疑い、革新することで時代の転換が進んだのです。

そして今、全国各地の地域、自治体で、心の奥深いところから、何か勉強しなければならない、勉強する必要があるという意識が高まってきています。

北海道の百八十の町村、過疎が非常に進行していく町村の方々が、とかく絶望的になりがちな中で、自分たちの未来を見据えて、自分たちの町をどうつくり上げていくかを学ぼうと、この「地方自治土曜講座」を企画いたしました。

この講座は、当初の予想を大幅に超える三百数十名の自治体職員等が参加するという、学習への熱気の中で開かれています。この企画が自治体職員の心にこだまし、これだけの参加になった。これは、事件ではないか、時代の大きな改革の兆しが現実となりはじめた象徴的な出来事ではないかと思われます。

現在の日本国憲法は、自治体をローカル・ガバメントと規定しています。しかし、この五十年間、明治の時代と同じように行政システムや財政の流れは、中央に権力、権限を集中し、都道府県を通じて地方を支配、指導するという流れが続いておりました。まさに「憲法は変われど、行政の流れ変わらず」でした。しかし、今、時代は大きく転換しつつあります。そして時代転換を支える新しい理論、新しい「政府」概念、従来の中央、地方に替わる新しい政府間関係理論の構築が求められています。

この講座は知識を講師から習得する場ではありません。ものの見方、考え方を自分なりに受け止めてもらう。そして是非、自分自身で地域再生の自治体理論を獲得していただく、そのような機会になれば大変有り難いと思っています。

「地方自治土曜講座」実行委員長
北海道大学法学部教授　森　啓

（一九九五年六月三日「地方自治土曜講座」開講挨拶より）

地方自治土曜講座ブックレットNo. 87
北海道行政基本条例論

２００３年5月１５日　初版発行　　　定価（本体１，１００円＋税）

著　者　　神原　　勝
企　画　　北海道町村会企画調査部
発行人　　武内　英晴
発行所　　公人の友社
〒112-0002　東京都文京区小石川５－２６－８
ＴＥＬ０３－３８１１－５７０１
ＦＡＸ０３－３８１１－５７９５
振替　００１４０－９－３７７７３

公人の友社の
ブックレット一覧
(03.4.30現在)

「地方自治土曜講座」
ブックレット

《平成7年度》

No.1
現代自治の条件と課題
神原勝　900円

No.2
自治体の政策研究
森啓　600円

No.3
現代政治と地方分権
山口二郎　［品切れ］

No.4
行政手続と市民参加
畠山武道　［品切れ］

No.5
成熟型社会の地方自治像
間島正秀　500円

No.6
自治体法務とは何か
木佐茂男　600円

No.7
自治と参加アメリカの事例から
佐藤克廣　［品切れ］

No.8
政策開発の現場から
小林　勝彦・大石和也・川村喜芳
［品切れ］

《平成8年度》

No.9
まちづくり・国づくり
五十嵐広三・西尾六七　500円

No.10
自治体デモクラシーと政策形成
山口二郎　500円

No.11
自治体理論とは何か
森啓　600円

No.12
池田サマーセミナーから
間島正秀・福士明・田口晃　500円

No.13
憲法と地方自治
中村睦男・佐藤克廣　500円

No.14
まちづくりの現場から
斎藤外一・宮嶋望　500円

No.15
環境問題と当事者
畠山武道・相内俊一　500円

No.16
情報化時代とまちづくり
千葉純・笹谷幸一　［品切れ］

No.17
市民自治の制度開発
神原勝　500円

《平成9年度》

No.18
行政の文化化
森啓　600円

No.19
政策法学と条例
阿倍泰隆　600円

No.20
政策法務と自治体
岡田行雄　600円

No.21
分権時代の自治体経営
北良治・佐藤克廣・大久保尚孝
600円

No.22
地方分権推進委員会勧告と
これからの地方自治
西尾勝　500円

No.23
産業廃棄物と法
畠山武道　600円

No.25
自治体の施策原価と事業別予
算
小口進一　600円

No.26
地方分権と地方財政
横山純一　600円

《平成10年度》

No.27
比較してみる地方自治
田口晃・山口二郎　600円

No.28
議会改革とまちづくり
森啓　400円

No.29
自治の課題とこれから
逢坂誠二　400円

No.30
内発的発展による地域産業の
振興
保母武彦　600円

No.31
地域の産業をどう育てるか
金井一頼　600円

No.32
金融改革と地方自治体
宮脇淳　600円

No.33
ローカルデモクラシーの統治能力
山口二郎　400円

No.34
政策立案過程への「戦略計画」手法の導入
佐藤克廣　500円

No.35
98サマーセミナーから「変革の時」の自治を考える
神原昭子・磯田憲一・大和田建太郎
600円

No.36
地方自治のシステム改革
辻山幸宣　400円

No.37
分権時代の政策法務
礒崎初仁　600円

No.38
地方分権と法解釈の自治
兼子仁　400円

No.39
市民的自治思想の基礎
今井弘道　500円

No.40
自治基本条例への展望
辻道雅宣　500円

No.41
少子高齢社会と自治体の福祉法務
加藤良重　400円

《平成11年度》

No.42
改革の主体は現場にあり
山田孝夫　900円

No.43
自治と分権の政治学
鳴海正泰　1,100円

No.44
公共政策と住民参加
宮本憲一　1,100円

No.45
農業を基軸としたまちづくり
小林康雄　800円

No.46
これからの北海道農業とまちづくり
篠田久雄　800円

No.47
自治の中に自治を求めて
佐藤　守　1,000円

No.48
介護保険は何を変えるのか
池田省三　1,100円

No.49
介護保険と広域連合
大西幸雄　1,000円

No.50
自治体職員の政策水準
森啓　1,100円

No.51
分権型社会と条例づくり
篠原　一　1,000円

No.52
自治体における政策評価の課題
佐藤克廣　1,000円

No.53
小さな町の議員と自治体
室崎正之　900円

No.54
地方自治を実現するために法が果たすべきこと
木佐茂男　[未刊]

No.55
改正地方自治法とアカウンタビリティ
鈴木庸夫　1,200円

No.56
財政運営と公会計制度
宮脇淳　1,100円

No.57
自治体職員の意識改革を如何にして進めるか
林嘉男　1,000円

《平成12年度》

No.58
北海道の地域特性と道州制の展望
神原勝　[未刊]

No.59
環境自治体とＩＳＯ
畠山武道　700円

No.60
転型期自治体の発想と手法
松下圭一　900円

No.61
分権の可能性—スコットランドと北海道
山口二郎　600円

No.62
機能重視型政策の分析過程と財務情報
宮脇淳　800円

No.63
自治体の広域連携
佐藤克廣　900円

No.64
分権時代における地域経営
見野全　700円

No.65
町村合併は住民自治の区域の変更である。
森啓　800円

No.66
自治体学のすすめ
田村明　900円

No.67
市民・行政・議会のパートナーシップを目指して
松山哲男　700円

No.68
アメリカン・デモクラシーと地方分権
古矢旬　[未刊]

No.69
新地方自治法と自治体の自立
井川博　900円

No.70
分権型社会の地方財政
神野直彦　1,000円

No.71
自然と共生した町づくり
宮崎県・綾町
森山喜代香　700円

No.72
情報共有と自治体改革
ニセコ町からの報告
片山健也　1,000円

《平成13年度》

No.73
地域民主主義の活性化と自治体改革
山口二郎　600円

No.74
分権は市民への権限委譲
上原公子　1,000円

No.75
今、なぜ合併か
瀬戸亀男　800円

No.76
市町村合併をめぐる状況分析
小西砂千夫　800円

No.77
自治体の政策形成と法務システム
福士明　[未刊]

No.78
ポスト公共事業社会と自治体政策
五十嵐敬喜　800円

No.79
男女共同参画社会と自治体政策
樋口恵子　[未刊]

No.80
自治体人事政策の改革
森啓　800円

《平成14年度》

No.81
自治体とNPOとの関係
田口晃　[未刊]

No.82
地域通貨と地域自治
西部忠　[未刊]

No.83
北海道経済の戦略と戦術
宮脇淳　800円

No.84
地域おこしを考える視点
矢作弘　700円

No.87
北海道行政基本条例論
神原勝　1,100円

No.90
「協働」の思想と体制
森啓　800円

「地方自治ジャーナル」ブックレット

No.1
水戸芸術館の実験
森啓・横須賀徹 1,166円 [品切れ]

No.2
政策課題研究の研修マニュアル
首都圏政策研究・研修研究会
1,359円

No.3
使い捨ての熱帯林
熱帯雨林保護法律家リーグ 971円

No.4
自治体職員世直し志士論
村瀬誠　971円

No.5
行政と企業は文化支援で何ができるか
日本文化行政研究会　1,166円

No.6
まちづくりの主人公は誰だ
浦野秀一・野本孝松・松村徹・田中富雄　1,166円　[品切れ]

No.7
パブリックアート入門
竹田直樹　1,166円

No.8
市民的公共と自治
今井照　1,166円

No.9
ボランティアを始める前に
佐野章二　777円

No.10
自治体職員の能力
自治体職員能力研究会　971円

No.11
パブリックアートは幸せか
山岡義典　1,166円

No.12
市民がになう自治体公務
パートタイム公務員論研究会
1,359円

No.13
行政改革を考える
山梨学院大学行政研究センター
1,166円

No.14
上流文化圏からの挑戦
山梨学院大学行政研究センター
1,166円

No.15
市民自治と直接民主制
高寄昇三　951円

No.16
議会と議員立法
上田章・五十嵐敬喜　1,600円

No.17
分権段階の自治体と政策法務
松下圭一他　1,456円

No.18
地方分権と補助金改革
高寄昇三　1,200円

No.19
分権化時代の広域行政
山梨学院大学行政研究センター
1,200円

No.20
あなたのまちの学級編成と地方分権
田嶋義介　1,200円

No.21
自治体も倒産する
加藤良重　1,000円

No.22
ボランティア活動の進展と自治体の役割
山梨学院大学行政研究センター
1,200円

No.23
新版・2時間で学べる「介護保険」
加藤良重　800円

No.24
男女平等社会の実現と自治体の役割
山梨学院大学行政研究センター
1,200円

No.25
市民がつくる東京の環境・公害条例
市民案をつくる会　1,000円

No.26
東京都の「外形標準課税」はなぜ正当なのか
青木宗明・神田誠司　1,000円

No.27
少子高齢化社会における福祉のあり方
山梨学院大学行政研究センター
1,200円

No.28
財政再建団体
橋本行史　1,000円

No.29
交付税の解体と再編成
高寄昇三　1,000円

No.30
町村議会の活性化
山梨学院大学行政研究センター
1,200円

No.31
地方分権と法定外税
外川伸一　800円

No.32
東京都銀行税判決と課税自主権
高寄昇三　1,000円

No.33
都市型社会と防衛論争
松下圭一　900円

No.34
中心市街地の活性化に向けて
山梨学院大学行政研究センター
1,200円

朝日カルチャーセンター
地方自治講座ブックレット

No.1
自治体経営と政策評価
山本清　1,000円

No.2
ガバメント・ガバナンスと行政評価システム
星野芳昭　1,000円

No.3
三重県の事務事業評価システム
太田栄子　[未刊]

No.4
政策法務は地方自治の柱づくり
辻山幸宣　1,000円

No.5
政策法務がゆく！
北村喜宣　1,000円

TAJIMI CITY ブックレット

No.2
分権段階の総合計画づくり
松下圭一　400円（委託販売）

No.3
これからの行政活動と財政
西尾勝　1,000円

No.4
構造改革時代の手続的公正と第2次分権改革
～手続的公正の心理学から
鈴木庸夫　1,000円